Y.5591.
+ B.2.

Yf 6440

LES GUEBRES,

TRAGÉDIE.

Par M. D*** M****.

M. DCC. LXIX.

PRÉFACE
DE L'ÉDITEUR.

LE Poëme dramatique, intitulé LES GUEBRES, était originairement une Tragédie Chrétienne. Mais après les Tragédies de S. Genest, de Polyeucte, de Théodore, de Gabinie & de tant d'autres, le jeune Auteur de cet Ouvrage craignit que le Public ne fût enfin dégoûté, & que même ce ne fût en quelque façon manquer de respect pour la Religion Chrétienne, de la mettre trop souvent sur un Théâtre profane. Ce n'est que par le Conseil de quelques Magistrats éclairés, qu'il substitua les *Parsis* ou *Guebres* aux Chrétiens. Pour peu qu'on y fasse attention, on verra qu'en effet les Guebres n'adoraient qu'un seul Dieu; qu'ils furent persécutés comme les Chrétiens depuis Dioclétien, & qu'ils ont dû dire à peu près pour leur défense tout ce que les Chrétiens disaient alors.

L'Empereur ne fait à la fin de la piece que ce que fit Constantin à son avénement, lorsqu'il donna dans un Edit pleine liberté aux Chrétiens d'exercer leur culte, jusques-là presque toujours défendu, ou à peine toléré.

M. D. M. en composant cet Ouvrage,

PRÉFACE

n'eut d'autre vue que d'inspirer la charité universelle, le respect pour les Loix, l'obéissance des sujets aux Souverains, l'équité & l'indulgence des Souverains pour leurs sujets.

Si les Prêtres des faux Dieux abusent cruellement de leur pouvoir dans cette Piece, l'Empereur les réprime. Si l'abus du Sacerdoce est condamné, la vertu de ceux qui sont dignes de leur ministere, reçoit tous les éloges qu'elle mérite.

Si le Tribun d'une légion, & son frere qui en est le Lieutenant, s'emportent en murmures; la clémence & la justice de César en font des sujets fideles & attachés pour jamais à sa personne.

Enfin, la morale la plus pure & la félicité publique sont l'objet & le résultat de cette Piece. C'est ainsi qu'en jugerent des hommes d'Etat élevés à des postes considérables, & c'est dans cette vue qu'elle fut approuvée à Paris.

Mais on conseilla au jeune Auteur de ne la point exposer au théâtre, & de la réserver seulement pour le petit nombre de Gens de Lettres qui lisent encore ces Ouvrages. On attendait alors avec impatience plusieurs Tragédies plus théâtrales & plus dignes des regards du Public, soit de Mr. du Belloy, soit de Mr. Lemierre, ou de quelques autres Auteurs célebres. Mr. D. M. n'osa, ni ne voulut entrer en concurrence avec des talents qu'il fentait fupérieurs aux fiens. Il aima mieux avoir droit à leur indulgence, que de lutter vainement contr'eux; & il fupprima même fon Ouvrage que nous préfentons aujourd'hui aux Gens de Lettres; car c'eft leur fuffrage qu'il faut principalement ambitionner dans tous les genres. Ce font eux qui dirigent à la longue le jugement & le goût du Public. Nous n'entendons pas feulement par Gens de Lettres les Auteurs, mais les Amateurs éclairés qui ont fait une étude approfondie de la Littérature, *qui vitam excoluere per artes*; ce font eux que le grand Virgile place dans les Champs Elifées parmi les Ombres heureufes, parceque la culture des Arts rend toujours les ames plus honnêtes & plus pures.

Enfin, nous avons cru que le fond des chofes qui font traitées dans ce drame, pourrait ranimer un peu le goût de la poëfie que l'efprit de differtation & de paradoxe commence à éteindre en France, malgré les heureux efforts de plufieurs jeunes gens remplis de grands talents qu'on n'a peut-être pas affez encouragés.

PERSONNAGES.

IRADAN, Tribun militaire, Commandant dans le Château d'Apamée.

CÉSÉNE, son Frere & son Lieutenant.

ARZÉMON, Parsis ou Guebre, Agriculteur, retiré près de la Ville d'Apamée.

ARZÉMON, son Fils.

ARZAME, sa Fille.

MÉGATISE, Guebre, soldat de la garnison.

PRÊTRES de Pluton.

L'EMPEREUR & ses Officiers.

SOLDATS.

La Scene est dans le Château d'Apamée, sur l'Oronte, en Sirie.

LES GUEBRES,
TRAGÉDIE.

ACTE PREMIER.

SCENE PREMIERE.
IRADAN, CESENE.

CESENE.

JE suis las de servir. Souffrirons-nous, mon frere,
Cet avilissement du grade militaire ?
N'avez-vous avec moi dans quinze ans de hazards
Prodigué votre sang dans les camps des Césars,
Que pour languir ici loin des regards du maître,
Commandant subalterne & Lieutenant d'un Prêtre ?
Apamée à mes yeux est un séjour d'horreur.
J'espérais près de vous montrer quelque valeur,
Combattre sous vos loix, suivre en tout votre exemple ;
Mais vous n'en recevez que des tyrans d'un Temple.
Ces mortels inhumains, à Pluton consacrés,
Dictent par votre voix leurs décrets abhorrés.
Ma raison s'en indigne, & mon honneur s'irrite
De vous voir en ces lieux leur premier satellite.

IRADAN.

Ah ! des mêmes chagrins mes sens sont pénétrés ;
Moins violent que vous, je les ai dévorés.

Mais que faire ? & qui fuis-je ? un foldat de fortune,
Né Citoyen Romain, mais de race commune,
Sans foutiens, fans patrons qui daignent m'appuyer,
Sous ce joug odieux il m'a fallu plier.
Des Prêtres de Pluton, dans les murs d'Apamée,
L'autorité fatale eft trop bien confirmée.
Plus l'abus eft antique, & plus il eft facré :
Par nos derniers Céfars on l'a vu révéré.
De l'Empire Perfan l'Oronte nous fépare ;
Gallien veut punir la nation barbare
Chez qui Valérien, victime des revers,
Chargé d'ans & d'affronts, expira dans les fers.
Venger la mort d'un pere eft toujours légitime.
Le culte des Perfans à fes yeux eft un crime :
Il redoute, ou du moins il feint de redouter
Que ce peuple inconftant, prompt à fe révolter,
N'embraffe aveuglément cette fecte étrangere,
A nos loix, à nos Dieux, à notre Etat contraire.
Il dit que la Sirie a porté dans fon fein
De vingt cultes nouveaux le dangereux effaim,
Que la paix de l'Empire en peut être troublée,
Et des Céfars un jour la puiffance ébranlée.
C'eft ainfi qu'il excufe un excès de rigueur.

CESENE.

Il fe trompe ; un fujet gouverné par l'honneur
Diftingue en tous les temps l'Etat & fa croyance.
Le Trône avec l'Autel n'eft point dans la balance :
Mon cœur eft à mes Dieux, mon bras à l'Empereur.
Eh quoi ! fi des Perfans vous embraffiez l'erreur,
Aux ferments d'un Tribun feriez-vous moins fidele ?
Seriez-vous moins vaillant ? auriez-vous moins de zele ?
Que Céfar à fon gré fe venge des Perfans ;
Mais pourquoi parmi nous punir des innocens !
Et pourquoi vous charger de l'affreux miniftere
Que partage avec vous un Sénat fanguinaire ?

IRADAN.

On prétend qu'à ce peuple, il faut un joug de fer,
Une loi de terreur & des juges d'enfer.

ACTE PREMIER.

Je sais qu'au Capitole on a plus d'indulgence :
Mais le cœur en ces lieux se ferme à la clémence.
Dans ce Sénat sanglant les Tribuns ont leur voix.
J'ai souvent amoli la dureté des loix.
Mais ces juges altiers contestent à ma place
Le droit de pardonner, le droit de faire grace.

CESENE.

Ah ! laissons cette place & ces hommes pervers.
Sachez que je vivrais dans le fond des déserts
Du travail de mes mains chez un peuple sauvage,
Plutôt que de ramper dans ce dur esclavage.

IRADAN.

Cent fois, dans les chagrins dont je me sens presser,
A ces honneurs honteux j'ai voulu renoncer,
Et, foulant à mes pieds la crainte & l'espérance,
Vivre dans la retraite & dans l'indépendance.
Mais j'y craindrais encor les yeux des délateurs.
Rien n'échape aux soupçons de nos accusateurs.
Hélas ! vous savez trop qu'en nos courses premieres
On nous vit des Persans habiter les frontieres.
Dans les remparts d'Emesse un lien dangereux,
Un himen clandestin nous enchaîna tous deux.
Ce nœud saint par lui-même, est, par nos loix, impie ;
C'est un crime d'Etat que la mort seule expie.
Et contre les Persans, César envenimé,
Nous punirait tous deux d'avoir jadis aimé.

CESENE.

Nous le mériterions. Pourquoi, malgré nos chaînes,
Avons-nous combattu sous les Aigles Romaines ?
Triste sort d'un soldat ! docile meurtrier,
Il détruit sa patrie & son propre foyer,
Sur un ordre émané d'un Préfet du Prétoire.
Il vend le sang humain ! c'est donc là de la gloire !
Nos homicides bras, gagés par l'Empereur,
Dans des lieux trop chéris ont porté leur fureur.
Qui sait si dans Emesse abandonnée aux flammes,

Nous n'avons pas frappé nos enfants & nos femmes ?
Nous étions commandés pour la destruction.
Le feu consuma tout. Je vis notre maison,
Nos foyers enterrés dans la perte commune.
Je ne regrette point une faible fortune :
Mais nos femmes hélas ! nos enfants au berceau,
Ma fille, votre fils sans vie & sans tombeau !
César nous rendra-t-il ces biens inestimables ?
C'est de l'avoir servi que nous sommes coupables :
C'est d'avoir obéi quand il fallut marcher,
Quand César alluma cet horrible bucher ;
C'est d'avoir asservi sous des loix sanguinaires
Notre indigne valeur & nos mains mercenaires.

IRADAN.

Je pense comme vous, & vous me connaissez ;
Mes remords par le temps ne sont point effacés.
Mon métier de soldat pese à mon cœur trop tendre :
Je pleurerai toujours sur ma famille en cendre ;
J'abhorrerai ces mains qui n'ont pu les sauver :
Je chérirai ces pleurs qui viennent m'abreuver.
Nous n'aurons, dans l'ennui qui tous deux nous con-
   sume,
Que des nuits de douleur & des jours d'amertume.

CESENE.

Pourquoi donc voulez-vous, de nos malheureux jours,
Dans ce fatal service empoisonner le cours ?
Rejettez un fardeau que ma gloire déteste.
Demandez à César un emploi moins funeste.
On dit qu'en nos remparts il revient aujourd'hui.

IRADAN.

Il faut des protecteurs qui m'approchent de lui.
Percerai-je jamais cette foule empressée
D'un Préfet du Prétoire esclave intéressée,
Ces flots de courtisans, ce monde de flateurs,
Que la fortune attache aux pas des Empereurs,

ACTE PREMIER

Et qui laissent languir la valeur ignorée
Loin des Palais des Grands honteuse & retirée ?

CESENE.

N'importe, à ses genoux il faudra nous jetter;
S'il est digne du Trône, il doit nous écouter.

SCENE SECONDE.
IRADAN, CESENE, MÉGATISE.

IRADAN.

Soldat, que me veux-tu ?

MEGATISE.

Des prêtres d'Apamée
Une horde nombreuse, inquiete, allarmée,
Veut qu'on ouvre à l'instant, & prétend vous parler.

IRADAN.

Quelle victime encor leur faut-il immoler ?

MEGATISE.

Ah tyrans !

CESENE.

C'en est trop, mon frère, je vous quitte;
Je ne contiendrais pas le couroux qui m'irrite.
Je n'ai point de séance au tribunal de sang
Où montent les tribuns par les droits de leur rang.
Si j'y dois assister, ce n'est qu'en votre absence,
De votre ministère exercez la puissance.
Temperez de vos loix les décrets rigoureux,
Et si vous le pouvez, sauvez les malheureux.

SCENE TROISIEME.

IRADAN, le Grand PRÊTRE de Pluton & ses suivants; MEGATISE. Soldats.

IRADAN.

Ministres de nos Dieux, quel sujet vous attire?

Le Grand Pretre.

Leur service, leur loi, l'intérêt de l'Empire,
Les ordres de César.

IRADAN.

Je les respecte tous;
Je leur dois obéir; mais que m'annoncez-vous?

Le Grand Pretre.

Nous venons condamner une fille coupable,
Qui, des mages Persans disciple abominable,
Au pied du mont Liban par un culte odieux
Invoquait le soleil & blasphémait nos Dieux.
Envers eux criminelle, envers César lui-même,
Elle ose mépriser notre juste anathême.
Vous devez avec nous prononcer son arrêt;
Le crime est avéré, son supplice est tout prêt.

IRADAN.

Quoi! la mort!

Le Second Pretre.

Elle est juste, & notre loi l'exige.

IRADAN.

Mais ses sévérités. . . . .

Le Grand Pretre.

Elle mourra, vous dis-je.

ACTE PREMIER.

On va dans ce moment la remettre en vos mains.
Rempliffez de Céfar les ordres fouverains.

IRADAN.

Une fille ! un enfant.

LE SECOND PRETRE.

Ni le fexe, ni l'age
Ne peut fléchir les Dieux que l'infidèle outrage.

IRADAN.

Cette rigueur eft grande : il faut l'entendre au moins.

LE GRAND PRETRE.

Nous fommes à la fois & juges & témoins.
Un profane guerrier ne devrait point paraître
Dans notre tribunal à côté du Grand Prêtre.
L'honneur du Sacerdoce en eft trop irrité.
Affecter avec nous l'ombre d'égalité,
C'eft offenfer des Dieux la loi terrible & fainte.
Elle exige de vous le refpect & la crainte.
Nous feuls devons juger, pardonner ou punir,
Et Céfar vous dira comme il faut obéir.

IRADAN.

Nous fommes fes foldats : nous fervons notre maître.
Il peut tout.

LE GRAND PRETRE.

Oui, fur vous.

IRADAN.

Sur vous auffi peut-être.
Les Pontifes divins juftement refpectés,
Ont condamné l'orgueil & plus les cruautés.
Jamais le fang humain ne coula dans leurs temples.
Ils font des vœux pour nous ; imitez leurs exemples.
Tant qu'en ces lieux furtout je pourrai commander,
N'efpérez pas me nuire & me dépofféder

Des droits que Rome accorde aux tribuns militaires.
Rien ne se fait ici par des loix arbitraires :
Montez au tribunal, & siegez avec moi.
Vous, soldats, conduisez, mais au nom de la loi,
La malheureuse enfant dont je plains la détresse.
Ne l'intimidez point : respectez sa jeunesse,
Son sexe, sa disgrace ; & dans notre rigueur
Gardons-nous bien surtout d'insulter au malheur.
     (*Il monte au tribunal.*)
Puisque César le veut, Pontifes, prenez place.

   Le Grand Pretre.

César viendra bientôt réprimer tant d'audace.

SCENE QUATRIEME.

Les Personnages précédents, ARZAME.

(*Iradan est placé entre le premier & le second Pontif.*)

    Iradan.

Approchez-vous, ma fille, & reprenez vos sens.

   Le Grand Pretre.

Vous avez à nos yeux par un impur encens,
Honorant un faux Dieu qu'ont annoncé les mages,
Aux vrais Dieux des Romains refusé vos hommages ;
A nos préceptes saints vous avez résisté :
Rien ne vous lavera de tant d'impiété.

   Le Second Pretre.

Elle ne répond point : son maintien, son silence
Sont aux Dieux comme à nous une nouvelle offense.

    Iradan.

Prêtres, votre langage a trop de dureté,
Et ce n'est pas ainsi que parle l'équité.
Si le juge est sévere, il n'est point tyrannique.
Tout soldat que je suis, je sais comme on s'explique...
Ma fille, est-il bien vrai que vous ne suiviez pas
Le culte antique & saint qui regne en nos climats ?

ACTE PREMIER.

ARZAME.

Oui, Seigneur, il est vrai.

LE GRAND PRETRE.

C'en est assez

LE SECOND PRETRE.

Son crime
Est dans sa propre bouche. Elle en sera victime.

IRADAN.

Non, ce n'est point assez : & si la loi punit
Les sujets Syriens qu'un image pervertit,
On borne la rigueur à bannir des frontières
Les Persans ennemis du culte de nos pères.
Sans doute elle est Persanne : on peut de ce séjour
L'envoyer aux climats dont elle tient le jour.
Osez sans vous troubler dire où vous êtes née;
Quelle est votre famille & votre destinée.

ARZAME.

Je rends graces, Seigneur, à tant d'humanité :
Mais je ne puis jamais trahir la vérité,
Mon cœur, selon ma loi, la préfere à la vie :
Je ne puis vous tromper, ces lieux sont ma Patrie.

IRADAN.

O vertu trop sincere ! ô fatale candeur !
Eh bien, Prêtres des Dieux ! faut-il que votre cœur
Ne soit point amolli du malheur qui la presse,
De sa simplicité, de sa tendre jeunesse ?

LE GRAND PRETRE.

Notre loi nous défend une fausse pitié.
Au soleil à nos yeux elle a sacrifié.
Il a vû son erreur, il verra son supplice.

ARZAME.

Avant de me juger, connaissez la justice.

Votre esprit contre nous est en vain prévenu ;
Vous punissez mon culte, il vous est inconnu.
　　Sachez que ce soleil qui répand la lumiere,
Ni vos Divinités de la Nature entiere,
Que vous imaginez résider dans les airs,
Dans les vents, dans les flots, sur la terre, aux enfers,
Ne sont point les objets que mon culte envisage.
Ce n'est point au soleil à qui je rends hommage ;
C'est au Dieu qui le fit, au Dieu son seul auteur,
Qui punit le méchant & le persécuteur ;
Au Dieu dont la lumiere est le premier ouvrage.
Sur le front du soleil il traça son image,
Il daigna de lui-même imprimer quelques traits
Dans le plus éclatant de ses faibles portraits.
Nous adorons en eux sa splendeur éternelle.
　　Zoroastre embrasé des flammes d'un saint zèle
Nous enseigna ce Dieu que vous méconnaissez,
Que par des Dieux sans nombre en vain vous rem-
　　　　placez,
Et dont je crains pour vous la justice immortelle.
Des grands devoirs de l'homme il donna le modèle.
Il veut qu'on soit soumis aux loix de ses parens,
Fidèle envers ses rois, même envers ses tyrans
Quand on leur a prêté serment d'obéissance ;
Que l'on tremble surtout d'opprimer l'innocence ;
Qu'on garde la justice & qu'on soit indulgent ;
Que le cœur & la main s'ouvrent à l'indigent.
De la haine à ce cœur il défendit l'entrée,
Il veut que parmi nous l'amitié soit sacrée.
Ce sont là les devoirs qui nous sont imposés......
Prêtres, voilà mon Dieu ; frappez, si vous l'osez.

IRADAN.

Vous ne l'oserez point : sa candeur & son age,
Sa naïve éloquence & surtout son courage,
Adouciront en vous cette âpre austérité
Qu'un faux zèle honora du nom de piété.
Pour moi, je vous l'avoue, un pouvoir invincible
M'a parlé par sa bouche & m'a trouvé sensible.

Je

ACTE PREMIER.

Je cede à cet empire, & mon cœur combattu
En plaignant ses erreurs admire sa vertu.
A ses illusions, si le Ciel l'abandonne,
Le Ciel peut se venger; mais que l'homme pardonne.
Dût César me punir d'avoir trop émoussé
Le fer sacré des loix entre nos mains laissé,
J'absous cette coupable.

LE GRAND PRETRE.

              Et moi je la condamne.
Nous ne souffrirons pas qu'un soldat, un profane,
Corrompant de nos loix l'infléxible équité
Protége ici l'erreur avec impunité.

LE SECOND PRETRE.

Il faut savoir surtout quel mortel l'a séduite,
Quel rebèle en secret la tient sous sa conduite;
De son sang réprouvé quels sont les vils auteurs.

ARZAME.

Qui? moi! j'exposerais mon père à vos fureurs?
Moi, pour vous obéir, je serais patricide?
Plus votre ordre est injuste, & moins il m'intimide.
Dites-moi quelles loix, quels édits, quels tyrans
Ont jamais ordonné de trahir ses parens.
J'ai parlé, j'ai tout dit, & j'ai pu vous confondre.
Ne m'interrogez plus : je n'ai rien à répondre.

LE GRAND PRETRE.

On vous y forcera..... Garde de nos prisons,
Tribun, c'est en vos mains que nous la remettons;
C'est au nom de César; & vous répondrez d'elle.
Je veux bien présumer que vous serez fidèle
Aux loix de l'Empereur, à l'intérêt des Cieux.

SCENE CINQUIEME.

IRADAN, ARZAME.

IRADAN.

Tout au nom de César, & tout au nom des Dieux!
C'est en ces noms sacrés qu'on fait des misérables!
O pouvoirs souverains, on vous en rend coupables!....
Vous, jeune malheureuse, ayez un peu d'espoir.
Vous me voyez chargé d'un funeste devoir :
Ma place est rigoureuse, & mon ame indulgente.
Des Prêtres de Pluton la troupe intolérante,
Par un cruel arrêt vous condamne à périr;
Un soldat vous absout & veut vous secourir.
Mais que puis-je contre eux! le peuple les revere;
L'Empereur les soutient; leur ordre sanguinaire
A mes yeux, malgré moi, peut être exécuté.

ARZAME.

Mon cœur est plus sensible à votre humanité,
Qu'il n'est glacé de crainte à l'aspect du supplice.

IRADAN.

Vous pourriez desarmer leur barbare injustice,
Abjurer votre culte, implorer l'Empereur ;
J'ose vous en prier.

ARZAME.

Je ne le puis, Seigneur.

IRADAN.

Vous me faites frémir , & j'ai peine à comprendre
Tant d'obstination dans un âge si tendre.
Pour des préjugés vains aux nôtres opposés,
Vous prodiguez vos jours à peine commencés.

ACTE PREMIER.

ARZAME.

Hélas! pour adorer le Dieu de mes ancêtres,
Il me faut donc mourir de la main de vos Prêtres!
Il me faut expirer par un supplice affreux,
Pour n'avoir point appris l'art de penser comme eux!
Pardonnez cette plainte, elle est trop excusable :
Je n'en saurai pas moins, d'un front inaltérable,
Supporter les tourments qu'on va me préparer,
Et chérir votre main qui veut m'en délivrer.

IRADAN.

Ainsi vous surmontez vos mortelles allarmes,
Vous, si jeune & si faible ! & je verse des larmes ;
Je pleure, & d'un œil sec vous voyez le trépas !
Non, malheureuse enfant, vous ne périrez pas.
Je veux, malgré vous-même, obtenir votre grace :
De vos persécuteurs je braverai l'audace.
Laissez-moi seulement parler à vos parens :
Qui sont-ils ?

ARZAME.

Des mortels inconnus aux titans,
Sans dignité, sans nom. De leurs mains innocentes
Il cultivaient en paix des campagnes riantes,
Fideles à leur culte, ainsi qu'à l'Empereur.

IRADAN.

Au bruit de vos dangers ils mourront de douleur ;
Apprenez-moi leur nom.

ARZAME.

J'ai gardé le silence,
Quand de mes oppresseurs la barbare insolence
Voulait que mes parents leur fussent décélés.
Mon cœur fermé pour eux, s'ouvre quand vous parlez.
Mon pere est Arzémon. Ma mere infortunée,
Quand j'étais au berceau, finit sa destinée :
A peine l'ai-je vue ; & tout ce qu'on m'a dit,
C'est qu'un chagrin mortel accablait son esprit ;

B ij

Le Ciel permet encor que le mien s'en souvienne;
Elle mouillait de pleurs & sa couche & la mienne.
Je naquis pour la peine & pour l'affliction.
Mon pere m'éleva dans sa religion,
Je n'en connus point d'autre; elle est simple, elle est
  pure;
C'est un présent divin des mains de la nature.
Je meurs pour elle.

IRADAN.

   O Ciel! ô Dieux qui l'écoutez,
Sur cette ame si belle étendez vos bontés!....
Mais parlez, votre pere est-il dans Apamée?

ARZAME.

Non, Seigneur, de César il a suivi l'armée:
Il apporte en son camp les fruits de ses jardins
Qu'avec lui quelquefois j'arrosai de mes mains.
Nos mœurs, vous le voyez, sont simples & rustiques.

IRADAN.

Restes de l'âge d'or & des vertus antiques,
Que n'ai-je ainsi vécu! que tout ce que j'entends
Porte au fond de mon cœur des traits intéressants!
Vivez, ô noble objet! ce cœur vous en conjure.
J'en atteste cet astre & sa lumiere pure,
Lui par qui je vous vois & que vous révérez;
S'il est sacré pour vous, vos jours sont plus sacrés;
Et je perdrai ma place avant qu'en sa furie
La main du fanatisme attente à votre vie....
Vous la suivrez, soldats, mais c'est pour observer
Si ces Prêtres cruels oseraient l'enlever.
Contre leurs attentats vous prendrez sa défense.
Il est beau de mourir pour sauver l'innocence;
Allez.

ARZAME.

   Ah! c'en est trop: mes jours infortunés
Méritent-ils, Seigneur, les soins que vous prenez?
Modérez ces bontés d'un sauveur & d'un pere:

SCENE SIXIEME.

IRADAN seul.

JE m'emporte trop loin. Ma pitié, ma colere.
Me rendront trop coupable aux yeux du Souverain :
Je crains mes soldats même, & ce terrible frein,
Ce frein que l'imposture a su mettre au courage,
Cet antique respect prodigué d'âge en âge
A nos persécuteurs, aux tyrans des esprits.
Je verrai ces guerriers d'épouvante surpris ;
Ils se croiront souillés du plus énorme crime,
S'ils osent refuser le sang de la victime.
O superstition ! que tu me fais trembler !
Ministres de Pluton qui voulez l'immoler,
Puissances des enfers, & comme eux inflexibles,
Non, ce n'est pas pour moi que vous serez terribles.
Un sentiment plus fort que votre affreux pouvoir
Entreprend sa défense & m'en fait un devoir ;
Il étonne mon ame, il l'excite, il la presse.
Mon indignation redouble ma tendresse.
Vous adorez les Dieux de l'inhumanité,
Et je sers contre vous le Dieu de la bonté.

ACTE SECOND.

SCENE PREMIERE,

IRADAN, CESENE.

CESENE.

CE que vous m'apprenez de sa simple innocence,
De sa grandeur modeste & de sa patience,
Me saisit de respect & redouble l'horreur
Que sent un cœur bien né pour le persécuteur.
Quelle injustice, ô ciel! & quelles loix sinistres!
Faut-il donc à nos Dieux des bourreaux pour ministres?
Numa qui leur donna des préceptes si saints,
Les avait-il créés pour frapper les humains!
Alors ils consolaient la nature affligée.
Que les tems sont divers! que la terre est changée!...
Ah! mon frere achevez tout ce récit affreux,
Qui fait pâlir mon front & dresser mes cheveux.

IRADAN.

Pour la seconde fois ils ont paru, mon frere;
Au nom de l'Empereur & des Dieux qu'on révere,
Ils les ont fait parler avec tant de hauteur,
Ils ont tant déployé l'ordre exterminateur
Du Prétoire émané contre les réfractaires;
Tant attesté le Ciel & leurs loix sanguinaires,
Que mes soldats tremblants & vaincus par ces loix,
Ont baissé leurs regards au seul son de leur voix.
Je l'avais bien prévu. Ces Prêtres du tartare
Avancent fiérement, & d'une main barbare
Ils saisissent soudain la fille d'Arzémon,
Cette enfant si sublime (*Arzame*, c'est son nom).
Ils la traînaient déja : quelques soldats en larmes
Les priaient à genoux; nul ne prenait les armes,

ACTE SECOND

Je m'élance sur eux, je l'arrache à leurs mains;
Tremblez, hommes de sang, arrêtez, inhumains,
Tremblez, elle est Romaine, en ces lieux elle est née,
Je la prends pour épouse. O Dieux de l'himenée!
Dieux de ces sacrés nœuds, Dieux cléments que je sers;
Je triomphe avec vous des monstres des enfers.
Armez & protégez la main que je lui donne.
Ma cohorte à ces mots se leve & m'environne,
Leur courage renaît. Les tyrans confondus
Me remettent leur proie & restent éperdus.
Vous savez, ai-je dit, que nos loix souveraines
Des saints nœuds de l'himen ont consacré les chaînes.
Que nul n'ose porter sa téméraire main
Sur l'auguste moitié d'un Citoyen Romain;
Je le suis : respectez ce nom cher à la terre.
Ma voix les a frappés comme un coup de tonnere.
Mais bientôt revenus de leur stupidité,
Reprenant leur audace & leur atrocité,
Leur bouche ose crier à la fraude, au parjure.
Cet himen, disent-ils, n'est qu'un jeu d'imposture;
Une offense à César, une insulte aux autels;
Je n'en ai point tissu les liens solemnels,
Ce n'est qu'un artifice indigne & punissable....
 Je vais donc le former cet himen respectable.
Vous l'approuvez, mon frere, & je n'en doute pas :
Il sauve l'innocence, il arrache au trépas
Un objet cher aux Dieux aussi-bien qu'à moi-même,
Qu'ils protegent par moi, qu'ils ordonnent que j'aime;
Et qui par sa vertu, plus que par sa beauté,
Est l'image à mes yeux de la divinité.

CESENE.

Qui? moi! si je l'approuve! ah mon ami, mon frere,
Je sens que cet himen est juste & nécessaire.
Après l'avoir promis, si, rétractant vos vœux,
Vous n'accomplissiez pas vos desseins généreux,
Je vous croirais parjure, & vous seriez complice
Des fureurs des tyrans armés pour son supplice.

Arzame, dites-vous, a dans le plus bas rang
Obscurément puisé la source de son sang.
Avons-nous des ayeux dont les fronts en rougissent?
Ses graces, sa vertu, son péril l'annoblissent.
Dégagez vos sermens, pressez ce nœud sacré ;
Le fils d'un Scipion s'en croirait honoré.
Ce n'est point là sans doute un himen ordinaire,
Enfant de l'intérêt ou d'un amour vulgaire :
La magnanimité forme ces sacrés nœuds ;
Ils consolent la terre, ils sont bénis des Cieux ;
Le fanatisme en tremble. Arrachez à sa rage
L'objet, le digne objet de votre juste hommage.

IRADAN.

Eh bien, préparez tout pour ce nœud solemnel,
Les témoins, le festin, les présents & l'autel.
Je veux qu'il s'accomplisse aux yeux des tyrans même,
Dont la voix infernale insulte à ce que j'aime.
  (*à des suivants*)
Qu'on la fasse venir.... Mon frere, demeurez,
Digne & premier témoin de mes sermens sacrés,
La voici.

CESENE.

Son aspect déja vous justifie.

SCENE SECONDE.

IRADAN, CESENE, ARZAME.

IRADAN.

Arzame, c'est à vous que mon cœur sacrifie,
Ce cœur qui ne s'ouvrait qu'à la compassion,
Repoussait loin de vous la persécution.
Contre vos ennemis l'équité se souleve :
Elle a tout commencé ; l'amour parle & l'acheve.
Je suis prêt de former en présence des Dieux,
En présence du vôtre, un nœud si précieux,

ACTE SECOND.

Un nœud qui fait ma gloire & qui vous est utile,
Qui contre vos tyrans vous ouvre un prompt azile;
Qui vous peut en secret donner la liberté
D'exercer votre culte avec sécurité.
Il n'en faut point douter, l'éternelle puissance,
Qui voit tout, qui fait tout, a fait cette alliance.
Elle vous a portée aux écueils de la mort
Dans un orage affreux qui vous ramene au port.
Sa main qu'elle étendait pour sauver votre vie,
Tissut en même-tems ce saint nœud qui nous lie.
Je vous présente un frere. Il va tout préparer
Pour cet heureux himen dont je dois m'honorer.

ARZAME.

A votre frere, à vous, pour tant de bienfaisance
Hélas ! j'offre mon trouble & ma reconnaissance.
Puisse l'astre du jour épancher sur tous deux
Ses rayons les plus purs & les plus lumineux.
Goûtez en vous aimant un sort toujours prospere.
Mais ô mon bienfaicteur ! ô mon maître ! ô mon pere !
Vous qui faites sur moi tomber ce noble choix,
Daignez prêter l'oreille en secret à ma voix.

CESENE.

Je me retire, Arzame, & mes mains empressées
Vont préparer pour vous les fêtes annoncées.
Tendre ami de mon frere, heureux de son bonheur,
Je partage le vôtre, & vois en vous ma sœur.

ARZAME.

Que vais-je devenir !

SCENE TROISIEME.
IRADAN, ARZAME.

IRADAN.

Belle & modeste Arzame,
Versez en liberté vos secrets dans mon ame,
Ils sont à moi, parlez tout est commun pour nous.

ARZAME.

Mon pere! en frémissant je tombe à vos genoux.

IRADAN.

Ne craignez rien, parlez à l'époux qui vous aime.

ARZAME.

J'atteste ce soleil, image de Dieu même,
Que je voudrais pour vous répandre tout le sang
Dont ces Prêtres de mort vont épuiser mon flanc.

IRADAN.

Ah! que me dites-vous, & quelle défiance!
Tout le mien coulera plutôt qu'on vous offense;
Ces tyrans confondus sauront vous respecter.

ARZAME.

Juste Dieu! que mon cœur ne peut-il mériter
Une bonté si noble, une ardeur si touchante!

IRADAN.

Je m'honore moi-même, & ma gloire est contente
Des respects qu'on doit rendre à ma digne moitié.

ARZAME.

C'en est trop... bornez-vous, Seigneur, à la pitié.
Mais daignez m'assurer qu'un secret qui vous touche
Ne sortira jamais de votre auguste bouche.

ACTE SECOND.

IRADAN.

Je vous le jure.

ARZAME.

Eh bien....

IRADAN.

Vous semblez hésiter,
Et vos regards sur moi tremblent de s'arrêter.
Vous pleurez, & j'entends votre cœur qui soupire.

ARZAME.

Ecoutez, s'il se peut, ce que je vais vous dire.
Vous ne connaissez pas la loi que nous suivons :
Elle peut être horrible aux autres Nations ;
La créance, les mœurs, le devoir, tout differe ;
Ce qu'ici l'on proscrit, ailleurs on le révere.
La nature a chez nous des droits purs & divins,
Qui sont un sacrilege aux regards des Romains.
Notre Religion à la vôtre contraire
Ordonne que la sœur s'unisse avec le frere,
Et veut que ces liens, par un double retour,
Rejoignent parmi nous la nature à l'amour.
La source de leur sang pour eux toujours sacrée,
En se réunissant, n'est jamais altérée.
Telle est ma loi.

IRADAN.

Barbare ! Ah ! que m'avez-vous dit !

ARZAME.

Je l'avais bien prévu..., votre cœur en frémit.

IRADAN.

Vous avez donc un frere ?

ARZAME.

Oui, Seigneur, & je l'aime ;
Mon pere à son retour dût nous unir lui-même.

Mais ma mort préviendra ces nœuds infortunés
De nos Guebres chéris & chez vous condamnés.
Je ne suis plus pour vous qu'une vile étrangere,
Indigne des bienfaits jettés sur ma misere,
Et d'autant plus coupable à vos yeux allarmés,
Que je vous dois la vie, & qu'enfin vous m'aimez.
Seigneur, je vous l'ai dit, j'adore en vous mon pere;
Mais plus je vous chéris, & moins j'ai dû me taire.
Rendez ce triste cœur, qui n'a pu vous tromper,
Aux homicides bras levés pour le frapper.

IRADAN.

Je demeure immobile, & mon ame éperdue
Ne croit pas en effet vous avoir entendue.
De cet affreux secret je suis trop offensé :
Mon cœur le gardera.... mais ce cœur est percé.
Allez, je cacherai mon outrage à mon frere.
Je dois me souvenir combien vous m'étiez chere.
Dans l'indignation dont je suis pénétré,
Malgré tout mon courroux, mon honneur vous sait gré
De m'avoir dévoilé cet effrayant mystere.
Votre esprit est trompé, mais votre ame est sincere :
Je suis épouvanté, confus, humilié ;
Mais je vous vois toujours d'un regard de pitié.
Je ne vous aime plus, mais je vous sers encore.

ARZAME.

Il faut bien, je le vois, que votre cœur m'abhorre.
Tout ce que je demande à ce juste courroux,
Puisque je dois mourir, c'est de mourir par vous ;
Non des horribles mains des tyrans d'Apamée.
Le pere, le héros par qui je fus aimée,
En me privant du jour, de ce jour que je hais,
En déchirant ce cœur tout plein de ses bienfaits,
Rendra ma mort plus douce ; & ma bouche expirante
Bénira jusqu'au bout cette main bienfaisante.

IRADAN.

Allez, n'espérez pas, dans votre aveuglement,
Arracher de mon ame un tel consentement.

Par le pouvoir secret d'un charme inconcevable,
Mon cœur s'attache à vous toute ingrate & coupable ;
Vos nœuds me font horreur ; & dans mon désespoir
Je ne puis vous haïr, vous quitter, ni vous voir.

ARZAME.

Et moi, Seigneur, & moi, plus que vous confondue,
Je ne puis m'arracher d'une si chere vue ;
Et je crois voir en vous un pere courroucé,
Qui me console encor quand il est offensé.

SCENE QUATRIÉME.
IRADAN, ARZAME, CESENE.

CESENE.

Mon frere, tout est prêt, les autels vous demandent,
Les Prêtresses d'Himen, les flambeaux vous attendent.
Le peu de vos amis qui nous reste en ces murs
Doit vous accompagner à ces Autels obscurs,
Grossiérement parés, & plus ornés par elle,
Que ne l'est des Césars la pompe solemnelle.

IRADAN.

Renvoyez ces amis, éteignez ces flambeaux.

CESENE.

Comment ! quel changement, quels désastres nouveaux !
Sur votre front glacé l'horreur est répandue :
Ses yeux baignés de pleurs semblent craindre ma vue !

IRADAN.

Plus d'Autel, plus d'Himen.

ARZAME.

J'en suis indigne.

CESENE.

O Ciel !
Dans quel contentement je parais cet Autel !
Combien je chérissais cet heureux ministere !
Quel plaisir j'éprouvais dans le doux nom de frere !

ARZAME.

Ah ! ne prononcez pas un nom trop odieux.

CESENE.

Que dites-vous ?

IRADAN

Il faut m'arracher de ces lieux ;
Renonçons pour jamais à ce poste funeste,
A ce rang avili qu'avec vous je déteste,
A tous ces vains honneurs d'un soldat détrompé ;
Trop basse ambition dont j'étais occupé.
Fuyons dans la retraite où vous vouliez vous rendre.
De nos enfants, mon frere, allons pleurer la cendre :
Nos femmes, nos enfants nous ont été ravis :
Vous pleurez votre fille, & je pleure mon fils.
Tout est fini pour nous : sans espoir sur la terre,
Que pouvons-nous prétendre à la Cour, à la guerre ?
Quittons tout & fuyons. Mon esprit aveuglé
Cherchait de nouveaux nœuds qui m'auraient consolé ;
Ils sont rompus, le Ciel en a coupé la trame.
Fuyons, dis-je, à jamais, & du monde & d'Arzame.

CESENE.

Vous me glacez d'effroi : quel trouble & quels desseins !
Vous laisseriez Arzame à ses vils assassins,
A ses Boureaux ? qui ? vous !

IRADAN.

Arrêtez : peut-on croire
D'un soldat, de son frere, une action si noire !

ACTE SECOND.

Ce que j'ai commencé, je le veux achever :
Je ne la verrai plus; mais je dois la sauver.
Mes sermens, ma pitié, mon honneur, tout m'engage.
Et je n'ai pas de vous mérité cet outrage,
Vous m'insultez.

ARZAME.

O Ciel! ô freres généreux!
Dans quel saisissement vous me jettez tous deux!
Hélas! vous disputez pour une malheureuse.
Laissez moi terminer ma destinée affreuse.
Vous en voulez trop faire, & trop sacrifier,
Vos bontés vont trop loin, mon sang doit les payer.

SCENE CINQUIEME.

Les Personnages précédents, les PRETRES de Pluton, Soldats.

LE GRAND PRETRE.

Est-ce ainsi qu'on insulte à nos loix vengeresses,
Qu'on trahit hautement la foi de ses promesses,
Qu'on ose se jouer avec impunité
Du pouvoir souverain par vous-même attesté?
Voilà donc cet hymen & ce nœud si propice
Qui devait de César enchaîner la justice,
Ce Citoyen Romain qui pensait nous tromper!
La victime à nos mains ne doit plus échaper.
Déja César instruit, connait votre imposture.
Nous venons en son nom réparer son injure.
Soldats qu'il a trompés, qu'on enlève soudain
Le criminel objet qu'il protégeait en vain.
Saisissez-la.

ARZAME.

Mon père!

LES GUEBRES;

IRADAN (*aux soldats.*)

Ingrats !

CESENE.

Troupe insolente !....
Arrêtez !..... devant moi qu'un de vous se présente ;
Qu'il l'ose, au moment même il mourra de mes mains.

LE GRAND PRETRE.

Ne le redoutez pas.

IRADAN.

Tremblez, vils assassins ;
Vous n'êtes plus soldats quand vous servez ces Prêtres.

LE GRAND PRETRE.

Les Dieux, César & nous, soldats, voilà vos maîtres.

CESENE.

Fuyez vous dis-je.

IRADAN.

Et vous, objet infortuné,
Rentrez dans cet azile à vos malheurs donné.

CESENE.

Ne craignez rien.

ARZAME (*en se retirant.*)

Je meurs.

LE GRAND PRETRE.

Frémissez, infidèles.
César vient, il sait tout, il punit les rebèles.
D'une secte proscrite indignes partisans,
De complots ténébreux coupables artisans,
Qui deviez devant moi, le front dans la poussière,
Abaisser en tremblant votre insolence altière,

Qui

ACTE SECOND.

Qui parlez de pitié, de justice & de loix,
Quand le courroux des Dieux parle ici par ma voix ;
Qui méprisez mon rang, qui bravez ma puissance ;
Vous appellez la foudre : & c'est moi qui la lance.

SCENE SIXIEME.
IRADAN, CESENE.

CESENE.

Mon frere, je le vois, ce pas est dangereux.

IRADAN.

Ne nous flattons jamais de l'emporter sur eux.

CESENE.

Mais sauvons l'innocence.

IRADAN.

     Ecoutez : Apamée
Touche aux Etats Persans : la ville est désarmée :
Les soldats de ce fort ne sont point contre moi ;
Et déja quelques-uns m'ont engagé leur foi.
Courez à nos tyrans, flattez leur violence ;
Dites que votre frère, écoutant la prudence,
Mieux conseillé, plus juste, à son devoir rendu,
Abandonne un objet qu'il a trop défendu.
Dites que par leurs mains je consens qu'elle meure ;
Que je livre sa tête avant qu'il soit une heure.
Trompons la cruauté qu'on ne peut désarmer.
Enfin, promettez tout : je vais tout confirmer.
Dès qu'elle aura passé ces fatales frontières,
Je mets entre elle & moi d'éternelles barrières.
A vos conseils rendu, je brise tous mes fers.
Loin d'un service ingrat, caché dans des deserts,
Des humains avec vous je fuirai l'injustice.

CESENE.

Allons, je promettrai ce cruel sacrifice ;

LES GUEBRES,

Je vais étendre un voile aux yeux de nos tyrans.
Que ne puis-je plutôt enfoncer dans leurs flancs
Ce glaive, cette main que l'Empereur emploie
A servir ces bourreaux avides de leur proie !
Oui, je vais leur parler.

SCENE SEPTIEME.

IRADAN, le jeune ARZEMON *parcourant le fond de la Scène d'un air inquiet & égaré.*

LE JEUNE ARZEMON.

O Mort ! ô Dieu vengeur !
Ils me l'ont enlevée ; ils m'arrachent le cœur.....
Où la trouver ? où fuir ? quelles mains l'ont conduite ?

IRADAN.

Cet inconnu m'allarme : est-il un satellite
Que ces juges sanglants se pressent d'envoyer
Pour observer ces lieux & pour nous épier ?

LE JEUNE ARZEMON.

Ah !.... la connoissez-vous ?

IRADAN.

Ce malheureux s'égare.
Parle : que cherches-tu ?

LE JEUNE ARZEMON.

La vertu la plus rare....
La vengeance, le sang, les ravisseurs cruels,
Les tyrans révérés des malheureux mortels...
Arzame ! cher Arzame !... Ah ! donnez-moi des armes.
Que je meure vengé.

IRADAN.

Son désespoir, ses larmes,

ACTE SECOND.

Ses regards attendris, tout furieux qu'ils sont,
Les traits que la nature imprima sur son front;
Tout me dit, c'est son frère.

LE JEUNE ARZEMON.

Oui, je le suis.

IRADAN.

Arrête,
Garde un profond silence, il y va de ta tête.

LE JEUNE ARZENON.

Je te l'apporte, frappe.

IRADAN.

Enfans infortunés!
Dans quels lieux les Destins les ont-ils amenés!....
Toi, le frère d'Arzame!

LE JEUNE ARZEMON.

Oui, ton regard sévère
Ne m'intimide pas.

IRADAN.

Ce jeune téméraire
Me remplit à la fois d'horreur & de pitié:
Il peut avec sa sœur être sacrifié.
Vien, je commande ici. Résous-toi de me suivre.

LE JEUNE ARZEMON.

Puis-je la voir enfin.

IRADAN.

Tu peux la voir & vivre.
Calme-toi, malheureux.

LE JEUNE ARZEMON.

Ah! Seigneur, pardonnez
A mes sens éperdus, d'horreur aliénés.
Quoi! ces lieux, dites-vous, sont en votre puissance,
Et l'on y traîne ainsi la timide innocence?

C ij

Vos esclaves Romains, de leurs bras criminels,
Ont arraché ma sœur aux foyers paternels.
De la mort, dites-vous, ma sœur est menacée.
Vous la persécutez !

IRADAN.

Va, ton ame est blessée
Par les illusions d'une fatale erreur.
Va, ne me prends jamais pour un persécuteur,
Et sur elle & sur toi ma pitié doit s'étendre.

LE JEUNE ARZEMON.

Hélas ! dois-je y compter ? .... daignez donc me la rendre.
Daignez me rendre Arzame, ou me faire mourir.

IRADAN.

Il atendrit mon cœur, mais il me fait frémir.
Que mes bontés peut-être auront un sort funeste !
Vien, jeune infortuné, je t'apprendrai le reste.
Suis mes pas.

LE JEUNE ARZEMON.

J'obéis à vos ordres pressans.
Mais ne me trompez pas.

IRADAN.

O malheureux enfans !
Quel sort les entraîna dans ces lieux qu'on déteste ?
De l'une j'admirais la fermeté modeste,
Sa résignation, sa grace, sa candeur.
L'autre accroît ma pitié, même par sa fureur.
Un Dieu veut les sauver, il les conduit sans doute,
Ce Dieu parle à mon cœur ; il parle & je l'écoute.

ACTE TROISIEME.

SCENE PREMIERE.
LE JEUNE ARZEMON, MEGATISE.

LE JEUNE ARZEMON.

Je marche dans ces lieux de surprise en surprise,
Quoi ! c'est toi que j'embrasse, ô mon cher Megatise !
Toi, né chez les Persans, dans notre loi nourri,
Et de mes premiers ans compagnon si chéri,
Toi, soldat des Romains ! quel infâme esclavage !

MEGATISE.

Cher ami, que veux-tu ! les erreurs du jeune âge,
Un esprit inquiet, trop de facilité,
L'occasion trompeuse, enfin la pauvreté,
Ce qui fait les soldats m'a jetté dans l'armée.

LE JEUNE ARZEMON.

Ton ame à ce service est-elle accoutumée ?
Tu pourrais être libre en suivant tes amis.

MEGATISE.

Le pauvre n'est point libre, il sert en tout pays.

LE JEUNE ARZEMON.

Ton sort près d'Iradan deviendra plus prospere.

MEGATISE.

Va, des guerriers Romains il n'est rien que j'espere.

ARZEMON.

Que dis-tu ? le Tribun qui commande en ce fort,
Ne t'a-t il pas offert un généreux support ?

LES GUEBRES,

MEGATISE.

Ah! crois-moi, les Romains tiennent peu leur promesse.
Je connais Iradan ; je sais que, dans Emesse,
Amant d'une Persanne, il en avait un fils.
Mais apprends que bientôt désolant son pays
Sur un ordre du Prince il détruisit la ville
Où l'amour autrefois lui fournit un azyle.
Oui, les chefs, les soldats à nuire condamnés
Font toujours tous les maux qui leur sont ordonnés.
Nous en voyons ici la preuve trop sensible
Dans l'arrêt émané d'un tribunal horrible.
De tous mes compagnons à peine une moitié
Pour l'innocente Arzame écoute la pitié.
Pitié trop faible encor & toujours chancelante!
L'autre est prête à tremper sa main vile & sanglante
Dans ce cœur si chéri, dans ce généreux flanc,
A la voix d'un Pontife altéré de son sang.

LE JEUNE ARZEMON.

Cher ami, rendons grace au sort qui nous protége ;
On ne commettra point ce meurtre sacrilége.
Iradan la soutient de son bras protecteur ;
Il voit ce fier Pontife avec des yeux d'horreur,
Il écarte de nous la main qui nous opprime.
Je n'ai plus de terreur, il n'est plus de victime.
De la Perse à nos pas il ouvre les chemins.

MEGATISE.

Tu penses que pour toi, bravant ses Souverains,
Il hazarde sa perte?

LE JEUNE ARZEMON.

     Il le dit, il le jure.
Ma sœur, ne le croit point capable d'imposture.
En un mot nous partons. Je ne suis affligé
Que de partir sans toi, sans m'être encor vengé,
Sans punir les tyrans.

ACTE TROISIEME,

MEGATISE.

    Tu m'arraches des larmes.
Quelle erreur t'a séduit? de quels funestes charmes,
De quel prestige affreux tes yeux sont fascinés!
Tu crois qu'Arzame échape à leurs bras forcenés!

LE JEUNE ARZEMON.

Je le crois.

MEGATISE.

    Que du Fort on doit ouvrir la porte?

LE JEUNE ARZEMON.

Sans doute.

MEGATISE.

   On te trahit, dans une heure elle est morte.

LE JEUNE ARZEMON.

Non, il n'est pas possible : on n'est pas si cruel.

MEGATISE.

Ils ont fait devant moi le marché criminel.
Le frere d'Iradan, ce Céfene, ce traître
Trafique de sa vie, & la vend au Grand Prêtre ;
J'ai vu, j'ai vu signer le barbare traité.

LE JEUNE ARZEMON.

Je meurs!... Que m'as-tu dit?

MEGATISE.

      L'horrible vérité,
Hélas! elle est publique, & mon ami l'ignore.

LE JEUNE ARZEMON.

O monstres! ô forfaits!... Mais non, je doute encore...
Ah! comment en douter! mes yeux n'ont-ils pas vu
Ce perfide Iradan devant moi confondu?

Des mots entrecoupés suivis d'un froid silence,
Des regards inquiets que troublait ma présence,
Un air sombre & jaloux, plein d'un secret dépit,
Tout semblait en effet me dire, il nous trahit.

MEGATISE.

Je te dis que j'ai vu l'engagement du crime,
Que j'ai tout entendu, qu'Arzame est leur victime.

LE JEUNE ARZEMON.

Détestables humains! quoi ce même Iradan!...
Si fier, si généreux!

MEGATISE.

     N'est-il pas courtisan?
Peut-être il n'en est point qui, pour plaire à son
    maître,
Ne se chargeât des noms de barbare & de traître.

LE JEUNE ARZEMON.

Puis-je sauver Arzame?

MEGATISE.

      En ce séjour d'effroi,
Je t'offre mon épée, & ma vie est à toi.
Mais ces lieux sont gardés, le fer est sur sa tête,
De l'horrible bucher la flamme est toute prête.
Chez ces Prêtres sanglants nul ne peut aborder...
Où vas-tu, malheureux?

LE JEUNE ARZEMON.

      Peux-tu le demander?
Ah! je la vois venir. Crains de lui faire entendre
L'effroyable secret que tu viens de m'apprendre...
Ciel! ô Ciel! puis-je croire un tel excès d'horreur!
radan!

SCENE SECONDE.
LE JEUNE ARZEMON, MEGATISE, ARZAME.

ARZAME.

Cher Epoux! cher espoir de mon cœur,
Le Dieu de notre himen, le Dieu de la nature
A la fin nous arrache à cette terre impure...
Quoi! c'est là Mégatise!... En croirai-je mes yeux!
Un ignicole, un Guebre est soldat en ces lieux!

LE JEUNE ARZEMON.

Il est trop vrai, ma sœur.

MEGATISE.

      Oui, j'en rougis de honte.

ARZAME.

Servira-t-il du moins à cette fuite prompte?

MEGATISE.

Sans doute il le voudrait.

ARZAME.

      Notre libérateur
Des Prêtres acharnés va tromper la fureur.

LE JEUNE ARZEMON.

Je vois... qu'il peut tromper.

ARZAME.

      Tout est prêt pour la fuite;
De fideles soldats marchent à notre suite.
Mégatise en est-il?

LES GUEBRES,

MEGATISE.

Je vous offre mon bras,
C'est tout ce que je puis... Je ne vous quitte pas.

ARZAME, *au jeune Arzémon.*

Pour sortir d'Apamée il n'attend que son frere....
D'où vient que tu pâlis?... Quel trouble involontaire
Eclate dans tes yeux de larmes inondés!

LE JEUNE ARZEMON.

Quoi Cesene, Iradan!... De grace, répondez:
Où sont-ils? qu'ont-ils fait?

ARZAME.

Ils sont près du Grand Prêtre.

LE JEUNE ARZEMON,

Près de ton oppresseur!

ARZAME.

Ils vont bientôt paraître.

LE JEUNE ARZEMON.

Ils tardent bien long-tems.

ARZAME.

Tu les verras ici.

ARZEMON (*se jettant dans les bras de Mégatise*).

Cher ami, c'en est fait, tout est donc éclairci!

ARZAME.

Eh quoi! la crainte encor sur ton front se déploie,
Quand l'espoir le plus doux nous doit combler de
  joie,
Quand le noble Iradan va tout quitter pour nous,
Lorsque de l'Empereur il brave le courroux,

ACTE TROISIEME.

Que pour sauver nos jours il hazarde sa vie,
Qu'il se trahit lui-même & qu'il se sacrifie?

LE JEUNE ARZEMON.

Il en fait trop peut-être.

ARZAME.

     Ah! calme ta douleur,
Mon frere, elle est injuste.

LE JEUNE ARZEMON.

     Oui, pardonne, ma sœur;
Pardonne; écoute au moins : Mégatise est fidele,
Notre culte est le sien, je réponds de son zele,
C'est un frere; à ses yeux nos cœurs peuvent s'ouvrir.
Dans celui d'Iradan n'as-tu pu découvrir
Quels sentiments secrets ce Romain nous conserve?
Il paroissait troublé, tu t'en souviens : observe,
Rappelle en ton esprit jusqu'aux moindres discours
Qu'il t'aura pu tenir, du péril où tu cours,
Des Prêtres ennemis, de César, de toi-même,
Des loix que nous suivons, d'un malheureux qui t'aime.

ARZAME.

Cher frere, tendre amant, que peux-tu demander!

LE JEUNE ARZEMON.

Ce qu'à notre amitié ton cœur doit accorder,
Ce qu'il ne peut cacher à ma fatale flamme,
Sans verser des poisons dans le fond de mon ame.

ARZAME.

J'en verserai, peut être, en osant t'obéir.

LE JEUNE ARZEMON.

N'importe, il faut parler, te dis-je, ou me trahir;
Et puisque je t'adore, il y va de ma vie.

ARZAME.

Je ne crains point de toi de vaine jalousie;

Tu ne la connais point : un sentiment si bas
Blesse le nœud d'himen & ne l'affermit pas.

LE JEUNE ARZEMON.

Crois qu'un autre intérêt, un soin plus cher m'anime.

ARZAME.

Tu le veux, je ne puis désobéir sans crime...
J'avouerai qu'Iradan, trop prompt à s'abuser,
M'a présenté sa main que j'ai dû refuser.

LE JEUNE ARZEMON.

Il t'aimait?

ARZAME.

Il l'a dit.

LE JEUNE ARZEMON

Il t'aimait !

ARZAME.

Sa poursuite
A lui tout confier malgré moi m'a réduite.
Il a su les secrets de ma religion,
Et de tous mes devoirs, & de ma passion.
Par de profonds respects, par un aveu sincere,
J'ai repoussé l'honneur qu'il prétendait me faire.
A ses empressements j'ai mis ce frein sacré ;
Ce secret à jamais devait être ignoré,
Tu me l'as arraché ; mais crains d'en faire usage.

LE JEUNE ARZEMON.

Acheve. Il a donc scu ce serment qui m'engage,
Qui rejoint par nos loix le frere avec la sœur?

ARZAME.

Oui.

LE JEUNE ARZEMON.

Qu'a produit en lui ce nœud si saint?

ACTE TROISIEME.

ARZAME.

     L'horreur.

LE JEUNE ARZEMON *à Mégatise.*

C'est assez, je vois tout : le barbare ! il se venge.

ARZAME.

Malgré notre himenée à ses yeux trop étrange,
Malgré cette horreur même, il ose protéger
Notre sainte union, bien loin de s'en venger.
Nous quittons pour jamais ces sanglantes demeures.

LE JEUNE ARZEMON.

Ah ! ma sœur !... c'en est fait.

ARZAME.

     Tu frémis & tu pleures !

LE JEUNE ARZEMON.

Qui ? moi !... Ciel !... Iradan.

ARZAME.

     Pourrais-tu soupçonner
Que notre bienfaiteur pût nous abandonner ?

LE JEUNE ARZEMON.

Pardonne... en ces moments... dans un lieu si
  barbare...
Parmi tant d'ennemis... aisément on s'égare...
Du parti que l'on prend le cœur est effrayé.

ARZAME.

Ah ! du mien qui t'adore il faut avoir pitié.
Tu sors !... demeure, attends, ma douleur t'en
  conjure.

LE JEUNE ARZEMON.

Ami, veille sur elle... ô tendresse!... ô nature!
(*avec fureur*)
Que vais-je faire! ah Dieu... Vengeance, entends ma voix!
(*Il embrasse sa sœur en pleurant.*)
Je t'embrasse, ma sœur, pour la derniere fois.
(*Il sort.*)

SCENE TROISIEME.

ARZAME, MEGATISE.

ARZAME.

Arrete!... que veut-il? qu'est-ce donc qu'il prépare.
De sa tremblante sœur faut-il qu'il se sépare?
Et dans quel tems, grand Dieu!... qu'en peux-tu soupçonner?

MEGATISE.

Des malheurs.

ARZAME.

Contre moi le sort veut s'obstiner,
Et depuis mon berceau les malheurs m'ont suivie.

MEGATISE.

Puisse le juste ciel veiller sur votre vie!

ARZAME.

Je tremble, je crains tout quand je suis loin de lui.
J'avais quelque courage, il s'épuise aujourd'hui.
N'aurais-tu rien appris de ces Juges féroces,
Rien de leurs factions, de leurs complots atroces?

ACTE TROISIEME.

Assez infortuné pour servir auprès d'eux,
Tu les vois, tu connois leurs mysteres affreux.

MEGATISE.

Hélas! en tous les temps leurs complots sont à craindre;
César les favorise, ils ont su le contraindre
A fléchir sous le joug qu'ils auraient dû porter.
Pensez-vous qu'Iradan puisse leur résister?
Êtes-vous sûre enfin de sa persévérance?
On se lasse souvent de servir l'innocence;
Bientôt l'infortuné pese à son protecteur.
Je l'ai trop éprouvé.

ARZAME.

      Si tel est mon malheur,
Si le noble Iradan cesse de me défendre,
Il faut mourir... grand Dieu, quel bruit se fait
    entendre!
Quels mouvements soudains, & quels horribles cris!

SCENE QUATRIEME.

ARZAME, MÉGATISE, CESENE, SOL-
DATS, LE JEUNE ARZEMON enchaîné.

CESENE.

Qu'on le traîne à ma suite : enchaînez, mes amis,
Ce fanatique affreux, cet ingrat, ce perfide,
Préparez mille morts à ce lâche homicide;
Vengez mon frere.

ARZAME.
O Ciel!

MEGATISE.
      Malheureux!

ARZAME (*tombe sur une banquette.*)
      Je me meurs!

CESENE.

Femme ingrate ! est-ce toi qui guidais ses fureurs ?

ARZAME (*se relevant*),

Comment ! que dites-vous ? quel crime a-t-on pu faire ?

CESENE.

Le monstre !... quoi ! plonger une main sanguinaire
Dans le sein de son Maître & de son bienfaiteur,
Frapper, assassiner votre Libérateur !
A mes yeux ! dans mes bras ! un coup si détestable,
Un tel excès de rage est trop inconcevable.

ARZAME.

Ciel ! Iradan n'est plus !

CESENE.

Les Dieux, les justes Dieux
N'ont pas livré sa vie au bras du furieux.
Je l'ai vu qui tremblait, j'ai vu sa main cruelle
S'affaiblir en portant l'atteinte criminelle.

ARZAME.

Je respire un moment.

CESENE (*aux soldats.*)

Soldats qui me suivez
Déployez les tourments qui lui sont réservés...
Parle, avant d'expirer, nomme-moi ton complice.

(*montrant Mégatise*)

Est-ce ta sœur, ou lui ?.. parle avant ton supplice...
Tu ne me réponds rien... quoi ! lorsqu'en ta faveur
Nous offensions hélas ! nos Dieux, notre Empereur,
Quand nos soins redoublés, & l'art le plus pénible,
Trompaient pour te sauver ce Pontife inflexible,
Quand, tout prêts à partir de ce séjour d'effroi
Nous exposions nos jours & pour elle & pour toi ;

De

ACTE TROISIEME.

De nos bontés, grand Dieu ! voilà donc le salaire !

ARZAME.

Malheureux ! qu'as tu fait ? Non, tu n'es pas mon
  frere.
Quel crime épouvantable en ton cœur s'est formé ?
S'il en est un plus grand, c'est de t'avoir aimé.

LE JEUNE ARZEMON (*à Céfene*).

A la fin je retrouve un reste de lumiere...
La nuit s'est dissipée... un jour affreux m'éclaire...
Avant de me punir, avant de te venger,
Daigne répondre un mot, j'ose t'interroger...
Ton frere envers nous deux n'était donc pas un traitre ?
Il n'allait pas livrer ma sœur à ce grand Prêtre ?

CESENE.

La livrer, malheureux ! il aurait fait couler
Tout le sang des tyrans qui voulaient l'immoler.

LE JEUNE ARZEMON.

Il suffit : je me jette à tes pieds que j'embrasse.
A ton cher frere, à toi je demande une grace,
C'est d'épuiser sur moi les plus affreux tourments
Que la vengeance ajoute à la mort des méchants :
Je les ai mérités : ton courroux légitime
Ne saurait égaler mes remords & mon crime.

CESENE.

Soldats qui l'entendez, je le laisse en vos mains,
Soyons justes, amis, & non pas inhumains.
Sa mort doit me suffire.

ARZAME.

     Eh bien, il la mérite,
Mais joignez-y sa sœur, elle est déja proscrite.
La vie en tous les tems ne me fut qu'un fardeau
Qu'il me faut rejetter dans la nuit du tombeau,

D

Je suis sa sœur, sa femme, & cette mort m'est due.

MEGATISE.

Permettez qu'un moment ma voix soit entendue.
C'est moi qui dois mourir, c'est moi qui l'ai porté,
Par un avis trompeur, à tant de cruauté.
Seigneur, je vous ai vu, dans ce séjour du crime,
Aux tyrans assemblés promettre la victime.
Je l'ai vu, je l'ai dit. Aurais-je dû penser
Que vous la promettiez pour les mieux abuser?
Je suis Guebre & grossier, j'ai trop cru l'apparence,
Je l'ai trop bien instruit, il en a pris vengeance.
La faute en est à vous, vous qui la protégez.
Votre frere est vivant, pesez tout, & jugez.

CESENE.

Va, dans ce jour de sang, je juge que nous sommes
Les plus infortunés de la race des hommes...
Va, fille trop fatale à ma triste maison,
Objet de tant d'horreur, de tant de trahison;
Je ne me repens point de t'avoir protégée.
Le traître expirera; mais mon ame affligée
N'en est pas moins sensible à ton cruel destin.
Mes pleurs coulent sur toi, mais ils coulent en vain.
Tu mourras; aux tyrans rien ne peut te soustraire:
Mais je te pleure encor en punissant ton frere.
(*Aux soldats.*)
Revolons près du mien, secondons les secours
Qui raniment encor ses déplorables jours.

SCENE CINQUIEME.

ARZAME *seule*.

Dans sa juste colere, il me plaint, il me pleure!
Tu vas mourir, mon frere, il est temps que je meure,
Ou par l'arrêt sanglant de mes persécuteurs,
Ou par mes propres mains, ou par tant de douleurs...

ACTE TROISIÈME.

O mort! ô deſtinée! ô Dieu de la lumiere!
Créateur incréé de la nature entiere,
Etre immenſe & parfait, ſeul être de bonté,
As-tu fait les humains pour la calamité!
 Quel pouvoir exécrable infecta ton ouvrage!
La nature eſt ta fille, & l'homme eſt ton image:
Arimane a-t-il pu défigurer ſes traits,
Et créer le malheur, ainſi que les forfaits!
Eſt-il ton ennemi? Que ſa puiſſance affreuſe
Arrache donc la vie à cette malheureuſe.
J'eſpere encore en toi, j'eſpere que la mort
Ne pourra malgré lui détruire tout mon ſort.
Oui, je naquis pour toi, puiſque tu m'as fait naître;
Mon cœur me l'a trop dit; je n'ai point d'autre maître,
Cet être malfaiſant qui corrompit ta loi,
Ne m'empêchera pas d'aſpirer juſqu'à toi.
Par lui perſécutée, avec toi réunie,
J'oublierai dans ton ſein les horreurs de ma vie.
Il en eſt une heureuſe, & je veux y courir:
C'eſt pour vivre avec toi que tu me fais mourir.

ACTE QUATRIEME.

SCENE PREMIERE.
LE VIEIL ARZEMON, MEGATISE.

LE VIEIL ARZEMON.

Tu gardes cette porte & tu retiens mes pas !
Tu me fais cet affront, toi Mégatise !

MEGATISE.

Hélas !
Triste & cher Arzémon, Vieillard que je révere,
Trop malheureux ami, trop déplorable pere,
Qu'exiges-tu de moi ?

LE VIEIL ARZEMON.

Ce que doit l'amitié.
Pour servir les Romains es-tu donc sans pitié ?

MEGATISE.

Au nom de la pitié, fuis ce lieu d'injustices ;
Crains ce séjour de sang, de crimes, de supplices.
Retourne en tes foyers, loin des yeux des tyrans.
La mort nous environne.

LE VIEIL ARZEMON.

Où sont mes chers enfans ?

MEGATISE.

Je te l'ai déja dit, leur péril est extrême.
Tu ne peux les servir, tu te perdrais toi-même.

LE VIEIL ARZEMON.

N'importe, je prétends faire un dernier effort :
Je veux, je dois parler au Commandant du Fort.

ACTE QUATRIEME.

N'est-ce pas Iradan que, pendant son voyage,
L'Empereur a nommé pour garder ce passage ?

MEGATISE.

C'est lui-même, il est vrai ; mais crains de t'arrêter.
Hélas ! il est bien loin de pouvoir t'écouter.

LE VIEIL ARZEMON.

Il me refuserait une simple audience ?

MEGATISE *en pleurant*.

Oui.

LE VIEIL ARZEMON.

Sais-tu que César m'admet en sa présence,
Qu'il daigne me parler ?

MEGATISE.

A toi ?

LE VIEIL ARZEMON.

Les plus grands Rois,
Vers les derniers humains s'abaissent quelquefois.
Ils redoutent des Grands le séduisant langage,
Leur bassesse orgueilleuse & leur trompeur hommage ;
Mais oubliant pour nous leur sombre majesté
Ils aiment à sourire à la simplicité.
Il reçoit de ma main les fruits de ma culture,
Doux présents dont mon art embellit la nature.
Ce Gouverneur superbe a-t-il la dureté
De rejeter l'hommage à ses mains présenté ?

MEGATISE.

Quoi ! tu ne sais donc pas ce fatal homicide,
Ce meurtre affreux ?

LE VIEIL ARZEMON.

Je sais qu'ici tout m'intimide,
Que l'inhumanité, la persécution
Menacent mes enfans & ma religion.

C'est ce que tu m'as dit, & c'est ce qui m'oblige
A voir cet Iradan... son intérêt l'exige.

MEGATISE.

Va, fuis, n'augmente point par tes soins obstinés
La foule des mourants & des infortunés.

LE VIEIL ARZEMON.

Quel discours effroyable! explique-toi.

MEGATISE.

      Mon maître,
Mon chef, mon protecteur, est expirant, peut-être.

LE VIEIL ARZEMON.

Lui!

MEGATISE.

Tremble de le voir.

LE VIEIL ARZEMON.

      Pourquoi m'en détourner?

MEGATISE.

Ton fils, ton propre fils vient de l'assassiner.

LE VIEIL ARZEMON.

O Soleil! ô mon Dieu! soutenez ma vieillesse!
Qui, lui? ce malheureux, porter sa main traîtresse,
Sur qui!... pour un tel crime ai-je pu l'élever!

MEGATISE.

Vois quel temps tu prenais, rien ne peut le sauver.

LE VIEIL ARZEMON.

O comble de l'horreur! hélas! dans son enfance
J'avais cru de ses sens calmer la violence;
Emporté, mais sensible, il était généreux.
Quel démon l'a changé! quel crime!... ah malheu-
 reux!

ACTE QUATRIEME.

MEGATISE.

C'eſt moi qui l'ai perdu, j'en porterai la peine :
Mais que ta mort au moins ne ſuive point la mienne.
Ecarte-toi, te dis-je.

LE VIEIL ARZEMON.

Et qu'ai-je à perdre, hélas !
Quelques jours malheureux & voiſins du trépas,
Ce Soleil dont mes yeux appéſantis par l'âge,
Apperçoivent à peine une infidele image,
Ces vains reſtes d'un ſang déja froid & glacé,
J'ai vécu, mon ami ; pour moi tout eſt paſſé.
Mais avant de mourir je dois parler.

MEGATISE.

Demeure,
Reſpecte d'Iradan la triſte & derniere heure.

LE VIEIL ARZEMON.

Infortunés enfants, & que j'ai trop aimés,
J'allais unir vos cœurs l'un pour l'autre formés.
Ne puis-je voir Arzame ?

MEGATISE.

Hélas ! Arzame implore
La mort dont nos tyrans la menacent encore.

LE VIEIL ARZEMON.

Que je voie Iradan.

MEGATISE.

Que ton zele empreſſé
Reſpecte plus le ſang que ton fils a verſé.
Attend, qu'on ſache au moins ſi, malgré ſa bleſſure,
Il reſte aſſez de force encore à la nature,
Pour qu'il lui ſoit permis d'entendre un étranger.

LE VIEIL ARZEMON.

Dans quel gouffre de maux le Ciel veut nous plonger !

D iv

LES GUEBRES,

MEGATISE.

J'entends chez Iradan des clameurs qui m'allarment.

LE VIEIL ARZEMON.

Tout doit nous allarmer.

MEGATISE.

Que mes pleurs te défarment.
Mon pere, éloigne-toi. Peut-être il est mourant,
Et son frere est témoin de son dernier moment.
Cache-toi, je viendrai te parler & t'instruire.

LE VIEIL ARZEMON.

Garde-toi d'y manquer... Dieu qui m'as su conduire,
Dieu qui vois en pitié les erreurs des mortels,
Daigne abaisser sur nous tes regards paternels.

SCENE SECONDE.

IRADAN, *le bras en écharpe, appuyé sur* CESENE, MEGATISE.

CESENE.

Mégatise aide-nous, donne un siege à mon frere,
A peine il se soutient, mais il vit ; & j'espere
Que malgré sa blessure & son sang répandu,
Par les bontés du Ciel il nous sera rendu.

IRADAN (*à Mégatise*).

Donne, ne pleure point.

CESENE (*à Mégatise*).

Veille sur cette porte,
Et prends garde sur-tout qu'aucun n'entre & ne sorte.
(*à Iradan.*)   (*Mégatise sort.*)
Prends un peu de repos nécessaire à tes sens,
Laisse-nous ranimer tes esprits languissans.

ACTE QUATRIEME.

Trop de soin te tourmente avec tant de faiblesse.

IRADAN.

Ah ! Césene, au Prétoire on veut que je paraisse !
Ce coup que je reçois m'a bien plus offensé
Que le fer d'un ingrat dont tu me vois blessé.
Notre ennemi l'emporte, & déja le Prétoire
Nous ôtant tous nos droits, lui donne la victoire.
Le puissant est toujours des Grands favorisé.
Ils se maintiennent tous, le faible est écrasé :
Ils sont maîtres des loix dont ils sont interprêtes ;
On n'écoute plus qu'eux, nos bouches sont muetes.
On leur donne le droit de Juges souverains ;
L'autorité réside en leurs cruelles mains.
Je perds le plus beau droit, celui de faire grace.

CESENE.

Eh pourrais-tu la faire à la farouche audace
Du fanatique obscur qui t'ose assassiner ?

IRADAN.

Ah ! qu'il vive !

CESENE.

A l'ingrat je ne puis pardonner.
Tu vois de notre état la gêne & les entraves ;
Sous le nom de guerriers nous devenons esclaves.
Il n'est plus temps de fuir ce séjour malheureux,
Véritable prison qui nous retient tous deux.
César est arrivé ; la tête de l'armée
Garde de tous côtés les chemins d'Apamée.
Il ne m'est plus permis de déployer l'horreur
Que ces Prêtres sanglants excitent dans mon cœur.
Et loin de te venger de leur troupe parjure,
De nager dans leur sang, d'y laver ta blessure,
Avec eux malgré moi je dois me réunir ;
C'est ton lâche assassin que nous devons punir.
Et puisqu'il faut le dire, indigné de son crime,
Aux Sacrificateurs, j'ai promis la victime :

Ta sûreté le veut. Si l'ingrat ne mourait,
Il est Guebre, il suffit, César te punirait.

IRADAN.

Je ne sais ; mais sa mort en augmentant mes peines,
Semble glacer le sang qui reste dans mes veines.

SCENE TROISIEME.

IRADAN, CESENE, ARZAME.

ARZAME (*se jettant à genoux*).

Dans ma honte, Seigneur, & dans mon désespoir
J'ai dû vous épargner la douleur de me voir.
Je le sens ; ma présence, à vos yeux téméraire,
Ne rappelle que trop le forfait de mon frere :
L'audace de sa sœur est un crime de plus.

CESENE (*la relevant*).

Ah ! que veux-tu de nous par tes pleurs superflus ?

ARZAME.

Seigneur, on va traîner mon cher frere au supplice,
Vous l'avez ordonné, vous lui rendez justice ;
Et vous me demandez ce que je veux !... La mort,
La mort, vous le savez.

CESENE.

     Va, son funeste sort
Nous fait frémir assez dans ces moments terribles,
N'ulcere point nos cœurs, ils sont assez sensibles.
Eh bien, je veillerai sur tes jours innocents ;
C'est tout ce que je puis, compte sur mes sermens.

ARZAME.

Je vous les rends, Seigneur, je ne veux point de grace.
Il n'en veut point lui-même ; il faut qu'on satisfasse

ACTE QUATRIEME.

Au sang qu'a répandu sa détestable erreur :
Il faut que devant vous il meure avec sa sœur.
Vous me l'aviez promis : votre pitié m'outrage.
Si vous en aviez l'ombre, & si votre courage,
Si votre bras vengeur sur sa tête étendu
Tremblait de me donner le trépas qui m'est dû,
Ma main sera plus prompte & mon esprit plus ferme.
Pourquoi de tant de maux prolongez-vous le terme ?
Deux Guebres, après tout, vil rebut des humains,
Sont-ils de quelque prix aux yeux de deux Romains ?

CESENE.

Oui, jeune infortunée, oui, je ne puis t'entendre,
Sans qu'un Dieu dans mon cœur, ardent à te défendre,
Ne souleve mes sens & crie en ta faveur.

IRADAN.

Tous deux m'ont pénétré de tendresse & d'horreur.

SCENE QUATRIEME.
IRADAN, ARZAME, CESENE, MEGATISE.

CESENE.

EH bien, faut-il livrer ce malheureux coupable ?

MEGATISE.

Rien encor n'a paru.

CESENE.

    Son supplice équitable
Pourrait de nos tyrans désarmer la fureur.

ARZAME.

Ils seraient plus tyrans s'ils épargnaient sa sœur.

MEGATISE.

Cependant un vieillard dans sa douleur profonde,
Malgré l'ordre donné d'écarter tout le monde,

Et malgré mes refus, veut embrasser vos pieds.
A ses cris, à ses yeux dans les larmes noyés,
Daignez-vous accorder la grace qu'il demande?

IRADAN.

Une grace! qui? moi!

CESENE.

Que veut-il? qu'il attende.
Pourquoi troubler l'horreur de nos affreux ennuis?
Allons livrer le traitre.

ARZAME.

Allez & je vous suis.

CESENE (*à Mégatise.*)

Qu'il suspende du moins sa priere indiscrette.

IRADAN.

Mon frere, la faiblesse où mon état me jette
Me permettra peut-être encor de lui parler.
Le malheur dont le ciel a voulu m'accabler
Ne peut être sans doute ignoré de personne:
Et puisque ce vieillard aux larmes s'abandonne,
Puisque mon sort le touche, il vient pour me servir.

MEGATISE.

Il me l'a dit du moins.

IRADAN.

Qu'on le fasse venir.

ACTE QUATRIEME.

SCENE CINQUIEME.

Les Personnages précédents, (*Mégatise s'avance vers le vieil Arzémon qu'on voit à la porte*).

MEGATISE (*à Arzemon*).

LA bonté d'Iradan se rend à ta priere.
Avance.... Le voici.

ARZAME.

    Juste Ciel !... Ah ! mon pere !
A mes derniers moments, quel Dieu vient vous offrir !
Et que venez-vous faire en ces lieux ?

CESENE.

      M'attendrir.

IRADAN.

Vieillard, que je te plains ! que ton fils est coupable !
Mais je ne le vois point d'un œil inexorable.
J'aimai tes deux enfants, & dans ce jour d'horreurs,
Va, je n'impute rien qu'à nos persécuteurs.

LE VIEIL ARZEMON.

Oui, Tribun, je l'avoue, ils sont seuls condamnables :
Ceux qui forcent au crime en sont les seuls coupables.
Mais faites approcher le malheureux enfant
Qui fut envers nous tous criminel un moment :
Devant lui, devant elle il faut que je m'explique.

IRADAN.

Qu'on l'amene sur l'heure.

ARZAME.

      O pouvoir tyrannique,
Pouvoir de la nature, augmenté par l'amour,
Quels moments ! quels témoins ! & quel horrible
  jour !

SCENE SIXIEME.

Les Personnages précédents, le jeune ARZEMON enchaîné.

LE JEUNE ARZEMON.

Helas! après mon crime il me faut donc paraître
Aux yeux d'un honnête homme à qui je dois mon être,
Dont j'ai déshonoré la vieillesse & le sang ;
Aux yeux d'un bienfaicteur dont j'ai percé le flanc ;
Aux regards indignés de son vertueux frere ;
Devant vous, ô ma sœur! dont la juste colere,
Les charmes, la terreur, & les sens agités,
Commencent les tourments que j'ai tant mérités!

LE VIEIL ARZEMON (*les regardant tous*).

J'apporte à ces douleurs dont l'excès vous dévore,
Des consolations, s'il peut en être encore.

ARZAME.

Il n'en sera jamais après ce coup affreux.

CESENE.

Qui!... toi nous consoler! toi, pere malheureux!

LE VIEIL ARZEMON.

Ce nom couta souvent des larmes bien cruelles,
Et vous allez peut-être en verser de nouvelles,
Mais vous les chérirez.

IRADAN.

      Quels discours étonnants!

CESENE.

Adoucit-on les maux par de nouveaux tourments?

ACTE QUATRIEME,

LE VIEIL ARZEMON.

Que n'ai-je appris plutôt dans mes sombres retraites
Le lieu, le nouveau poste & le rang où vous êtes ?
La guerre loin de moi porta toujours vos pas.
Enfin je vous retrouve.

CESENE.

En quel état, hélas !

LE VIEIL ARZEMON.

Vous allez donc livrer aux mains qui les attendent
Ces deux infortunés ?

ARZAME.

Ah ! les loix le commandent.
Oui, nous devons mourir.

LE VIEIL ARZEMON.

Seigneur, écoutez-moi....
Il vous souvient des jours de carnage & d'effroi
Où de votre Empereur l'impitoyable armée
Fit périr les Persans dans Emesse enflammée.

IRADAN.

S'il m'en souvient, Grands Dieux !

CESENE.

Oui, nos fatales mains
N'accomplirent que trop ces ordres inhumains.

IRADAN.

Emesse fut détruite, & j'en frémis encore.
Servais-tu parmi nous ?

LE VIEIL ARZEMON.

Non, Seigneur, & j'abhore
Ce mercenaire usage & ces hommes cruels,
Gagés pour se baigner dans le sang des mortels.

Dans d'utiles travaux coulant ma vie obscure,
Je n'ai point par le meurtre offensé la nature.
Je naquis vers Emesse, & depuis soixante ans
Mes innocentes mains ont cultivé mes champs.
Je sais qu'en cette ville un hymen bien funeste
Vous engagea tous deux.

CESENE.

     O sort que je déteste!
De nos malheurs secrets qui t'a si bien instruit?

LE VIEIL ARZEMON.

Je les sais mieux que vous : ils m'ont ici conduit.
Vous aviez deux enfants dans Emesse embrasée :
La mere de l'un d'eux y périt écrasée;
Et l'autre sut tromper par un heureux effort,
Le glaive des Romains, & la flamme & la mort.

CESENE.

Et qui des deux vivait?

IRADAN.

     Et qui des deux respire?

LE VIEIL ARZEMON.

Hélas! vous saurez tout : je dois d'abord vous dire,
Qu'arrachant ces enfants au glaive meurtrier,
Cette mere échappa par un obscur sentier ;
Qu'ayant des deux Etats parcouru la frontiere,
Le sort la conduisit sous mon humble chaumiere.
A ce tendre dépôt du sort abandonné,
Je divisai le pain que le Ciel m'a donné.
Ma loi me le commande, & mon sensible zele,
Seigneur, pour être humain n'avait pas besoin d'elle.

CESENE.

Eh quoi! privé de biens tu nourris l'étranger!
Et César nous opprime ou nous laisse égorger!

IRADAN.

ACTE QUATRIEME.

IRADAN (*se soulevant un peu*).

Que devint cette femme?... ô Dieu de la justice!
Ainsi que ce vieillard, lui devins-tu propice?

LE VIEIL ARZEMON.

Dans ma retraite obscure elle a langui deux ans.
Le chagrin desséchait la fleur de son printems.

IRADAN.

Hélas!

LE VIEIL ARZEMON.

Elle mourut ; je fermai sa paupiere ;
Elle me fit jurer à son heure derniere
D'élever ses enfants dans sa Religion,
J'obéis. Mon devoir & ma compassion
Sous les yeux de Dieu seul ont conduit leur enfance.
Ces tendres Orphelins pleins de reconnaissance,
M'aimaient comme leur pere, & je l'étais pour eux.

CESENE.

O destins!

IRADAN.

O moments trop chers, trop douloureux!

CESENE.

Une faible espérance est-elle encor permise?

ARZAME.

Je crains d'écouter trop l'espoir qui m'a surprise.

LE JEUNE ARZEMON.

Et moi je crains, ma sœur, à ce récit confus,
D'être plus criminel encor que je ne fus.

IRADAN.

Que me préparez-vous? O cieux que dois-je croire?

CESENE.

Ah! si la vérité t'a dicté cette histoire,

Pourrais-tu nous donner après de tels récits
Quelque éclairciſſement ſur ma fille & ſon fils ?
N'as-tu point conſervé quelque heureux témoignage,
Quelque indice du moins ?

LE VIEIL ARZEMON (*à Iradan.*)

Reconnaiſſez ce gage
D'un malheur ſans exemple & de la vérité.
C'eſt pour vous qu'en ces lieux je l'avais apporté.
(*Il donne la lettre.*)
Vous en croirez les traits qu'une mere expirante
A tracés devant moi d'une main défaillante.

IRADAN.

Du ſang que j'ai perdu mes yeux ſont affaiblis,
Et ma main tremble trop : tiens, mon frere, prends,
lis.

CESENE.

Oui, c'eſt ta tendre épouſe : ô ſacré caractere !
(*Il montre la lettre à Iradan*).
Embraſſe ton cher fils, Arzame eſt à ton frere.

IRADAN (*prend la main d'Arzame, & regarde avec larmes le jeune Arzémon, qui ſe couvre le viſage*).

Voila mon fils, ta fille, & tout eſt découvert.

ARZAME (*à Ceſène qui l'embraſſe*).

Quoi ! je naquis de vous !

IRADAN.

Quoi ! le Ciel qui me perd
Ne me rendrait mon ſang à cette heure fatale
Que pour l'abandonner à la rage infernale
De mortels ennemis que rien ne peut calmer !

LE JEUNE ARZEMON (*ſe jettant aux genoux d'Iradan*).

Du nom de pere, hélas ! oſai-je vous nommer !

ACTE QUATRIEME.

Puis-je toucher vos mains de cette main perfide ?
J'étais un meurtrier, je suis un parricide.

IRADAN (*se relevant & l'embraſſant*).

Non, tu n'es que mon fils.
(*Il retombe*).

CESENE.

Que j'étais aveuglé
Sans ce vieillard, mon frere, il était immolé :
Les bourreaux l'attendaient.... quel bruit se fait entendre ?
Nos tyrans à nos yeux oseraient-ils se rendre ?

MEGATISE (*rentrant.*)

Un ordre du Prétoire au Pontife eſt venu.

CESENE.

Eſt-ce un arrêt de mort ?

MEGATISE.

Il ne m'eſt pas connu.
Mais les Prêtres voulaient de nouvelles victimes.

IRADAN.

Les cruels !

CESENE.

Nous tombons d'abîmes en abîmes.

MEGATISE.

Je ſais qu'ils ont proſcrit ce généreux vieillard
Et le frere & la sœur.

CESENE.

O Juſtice ! ô Céſar !
Vous pouvez le ſouffrir ! le trône s'humilie
Juſqu'à laiſſer régner ce miniſtere impie ?

E ij

LE JEUNE ARZEMON.

Les monstres ont conduit ce bras qui s'est trompé.
J'en étais incapable, eux seuls vous ont frappé.
J'expierai dans leur sang mon crime involontaire...
Déchirons ces serpens dans leur sanglant repaire,
Et vengeons les humains trop long-tems abusés
Par ce pouvoir affreux dont ils sont écrasés.
Que l'Empereur après ordonne mon supplice,
Il n'en jouira pas, & j'aurai fait justice,
Il me retrouvera, mais mort, enseveli
Sous leur temple fumant par mes mains démoli.

IRADAN.

Calme ton désespoir, contiens ta violence.
Elle a couté trop cher. Un reste d'espérance,
Mon frere, mes enfants, doit encor nous flatter.
Le destin paraît las de nous persécuter.
Il m'a rendu mon fils, & tu revois ta fille ;
Il n'a pas réuni cette triste famille
Pour la frapper ensemble, & pour mieux l'immoler.

ARZAME.

Qui le sait.

IRADAN.

A César que ne puis-je parler ;
Je ne puis rien, je sens que ma force s'affaisse.
Tant de soins, tant de maux, de crainte, de tendresse,
De mon corps languissant ont dissous les esprits.
    (*à son fils.*)
Soutiens-moi.

LE JEUNE ARZEMON.

L'oserai-je ?

IRADAN.

Oui, mon fils... mon cher fils !

ACTE QUATRIEME.

ARZAME (à Céſene).

Eh quoi! de ces brigands l'exécrable cohorte
De ce Château, mon pere, aſſiege encor la porte?

CESENE.

Va, j'en jure le Ciel, juſte effroi des méchans,
Ces meurtriers ſacrés n'y ſeront pas long-tems.
S'il eſt des Dieux cruels, il eſt des Dieux propices,
Qui pourront nous tirer du fond des précipices.
Ces Dieux ſont la conſtance & l'intrépidité,
Le mépris des tyrans & de l'adverſité.
  (au jeune Arzémon.)
Viens, & pour expier le meurtre de ton pere,
Venge-toi, venge-nous, ou meurs avec ſon frere.

ACTE CINQUIEME.

SCENE PREMIERE.
IRADAN, LE JEUNE ARZÉMON, ARZAME.

IRADAN.

Non, ne m'en parlez plus, je bénis ma bleſſure,
Trop de biens ont ſuivi cette affreuſe avànture ;
Vos peres trop heureux retrouvent leurs enfants ;
Le ciel vous a rendus à nos embraſſements.
Vos amours offenſaient & Rome & la nature :
Rome les juſtifie, & le Ciel les épure.
Cet autel que mon frere avait dreſſé pour moi,
Sanctifié par vous, recevra votre foi.
Ce vieillard généreux qui nourrit votre enfance,
Y verra conſacrer votre ſainte alliance.
Les Prêtres des enfers & leur zele inhumain,
Reſpecteront le ſang d'un Citoyen Romain.

ARZAME.

Hélas ! l'eſpérez-vous ?

IRADAN.

Quelles mains ſacrileges
Oſeraient de ce nom braver les privileges ?
Céſene eſt au Prétoire ; il ſaura le fléchir.
Des formes de nos loix on peut vous affranchir.
Quels cœurs à la pitié ſeront inacceſſibles ?
Les Prêtres de ces lieux ſont les ſeuls inſenſibles.
Le tems fera le reſte, & ſi vous perſiſtez
Dans un culte ennemi de nos ſolemnités,
En dérobant ce culte aux regards du vulgaire,
Vous forcerez du moins nos tyrans à ſe taire.

ACTE CINQUIEME.

Dieu qui me les rendez, favorisez leurs feux,
Dieu de tous les humains daignez veiller sur eux.

ARZAME.

Ainsi ce jour horrible est un jour d'allégresse ?
Je ne verse à vos pieds que des pleurs de tendresse.

LE JEUNE ARZEMON (*baisant la main d'Iradan*).

Je ne puis vous parler, je demeure éperdu,
Mon pere !

IRADAN (*l'embrassant*).

Mon cher fils !

LE JEUNE ARZEMON.

Le trépas m'était dû.
Vous me donnez Arzame !

ARZAME.

Et pour comble de joie,
C'est Céséne mon pere.... oui, le ciel nous l'envoie.

SCENE SECONDE.

Les Personnages précédens, CESENE.

IRADAN

Quelle nouvelle heureuse apportez-vous enfin ?

CESENE.

J'apporte le malheur, & tel est mon destin.
Ma fille, on nous opprime; une indigne cabale
Aux portes du Palais frappe sans intervale.
Le Prétoire est séduit.

LE JEUNE ARZEMON.

Que je suis allarmé !

E iv

IRADAN.

Quoi ! tout est contre nous !

CÉSENE.

On a déja nommé
Un nouveau Commandant pour remplir votre place.

IRADAN.

C'en est fait, je vois trop notre entiere disgrace.

CESENE.

Ah ! le malheur n'est pas de perdre son emploi,
De cesser de servir, de vivre enfin pour soi...

IRADAN.

Qu'on est faible, mon frere, & que le cœur se trompe !
Je détestais ma place & son indigne pompe,
Ses fonctions, ses droits, je voulais tout quitter ;
On m'en prive, & l'affront ne se peut supporter.

CESENE.

Ce n'est point un affront, ces pertes sont communes :
Préparons-nous, mon frere, à d'autres infortunes.
Notre himen malheureux formé chez les Persans
Est déclaré coupable ; on ôte à nos enfans
Les droits de la nature & ceux de la patrie.

LE JEUNE ARZEMON.

Je les ai tous perdus, quand cette main impie,
Par la rage égarée, & sur-tout par l'amour,
A dechiré les flancs à qui je dois le jour.
Mais il me reste au moins le droit de la vengeance ;
On ne peut me l'ôter.

ARZAME.

Celui de la naissance
Est plus sacré pour moi que les droits des Romains.
Des parents généreux sont mes seuls souverains.

ACTE CINQUIEME.

Cesene (*l'embrassant*).

Ah! ma fille, mes pleurs arrosent ton visage.
Fille digne de moi, conserve ton courage.

Arzame.

Nous en avons besoin.

Cesene.

　　　　　　　Nos lâches oppresseurs
Dédaignent ma colere, insultent à nos pleurs,
Demandent notre sang.

Arzame.

　　　　　　　　J'en suis la cause unique :
J'étais le seul objet qu'un Sacerdoce inique
Voulait sur leurs Autels immoler aujourd'hui,
Pour n'avoir pu connaître un même Dieu que lui.
L'Empereur serait-il assez peu magnanime
Pour n'être pas content d'une seule victime?
Du sang de ses sujets veut-il donc s'abreuver?
Le Dieu qui sur ce trône a voulu l'élever
Ne l'a-t-il fait si grand que pour ne rien connaître,
Pour juger au hazard en despotique maître?
Pour laisser opprimer ses généreux guerriers,
Nos meilleurs Citoyens, ses meilleurs Officiers;
Sur quoi? sur un arrêt des Ministres d'un Temple :
Eux qui de la pitié devaient donner l'exemple;
Eux qui n'ont jamais dû pénétrer chez les Rois,
Que pour y tempérer la dureté des loix;
Eux qui, loin de frapper l'innocent misérable,
Devaient intercéder, prier pour le coupable.
Que fait votre César invisible aux humains?
De quoi lui sert un Sceptre oisif entre ses mains?
Est-il, comme vos Dieux, indifférent, tranquille,
Des maux du monde entier spectateur inutile.

CESENE.

L'Empereur jusqu'ici ne s'est point expliqué.
On dit qu'à d'autres soins en secret appliqué
Il laisse agir la loi.

IRADAN.

Loi vaine & chimérique,
Loi favorable aux Grands, & pour nous tyrannique !

CESENE.

Je n'ai qu'une ressource, & je vais la tenter.
A César malgré lui je cours me présenter :
Je lui crierai justice : & si les pleurs d'un pere
Ne peuvent adoucir ce despote sévere,
S'il détourne de moi des yeux indifférens,
S'il garde un froid silence ordinaire aux tyrans,
Je me perce à sa vue : il frémira peut-être ;
Il verra les effets du cœur d'un mauvais maître ;
Et par mes derniers mots qui pourront l'étonner,
Je lui dirai, Barbare, apprends à gouverner.

IRADAN.

Vous n'irez point sans moi.

CESENE.

Quelle erreur vous entraîne !
Votre corps affaibli se soutient avec peine ;
Votre sang coule encor... demeurez & vivez,
Vivez, vengez ma mort un jour si vous pouvez.
Viens Arzémon.

LE JEUNE ARZEMON.

J'y vole.

ARZAME.

Arrêtez !... ô mon pere !...
Cher frere ! cher époux !... ô ciel que vont-ils faire !

ACTE CINQUIEME.

SCENE TROISIEME.
IRADAN, ARZAME.

ARZAME.

Peut-etre que César se laissera toucher.

IRADAN.

Hélas ! souffrira-t-on qu'il ose l'approcher ?
Je respecte César ; mais souvent on l'abuse.
Je vois que de révolte un ennemi m'accuse.
J'ai pour moi la nature ainsi que l'équité,
Tant de droits ne sont rien contre l'autorité.
Elle est sans yeux, sans cœur. Le guerrier le plus brave
Quand César a parlé n'est plus qu'un vil esclave.
C'est le prix du service & l'usage des Cours.

ARZAME.

Bienfaiteur adoré, que je crains pour vos jours,
Pour mon fatal époux, pour mon malheureux pere,
Pour ce vieillard chéri, si grand dans sa misere !
Il n'a fait que du bien : ses respectables mœurs
Passent pour des forfaits chez nos persécuteurs,
La vertu devient crime aux yeux qui nous haïssent :
C'est une impiété que dans nous ils punissent.
On me l'a toujours dit : le nouveau Gouverneur,
Sans doute est envoyé pour servir leur fureur :
On va vous arrêter.

IRADAN.

        Oui, je m'y dois attendre,
Oui, mon meilleur ami commandé pour nous prendre,
Nous chargerait de fers au nom de l'Empereur,
Nous conduirait lui-même, & s'en ferait honneur.
Telle est des Courtisans la bassesse cruelle.
Notre indigne Pontife à sa haine fidele

N'attend que le moment de se rassasier
Du sang des malheureux qu'on va sacrifier.
Dans l'état où je suis son triomphe est facile.
Nous voici tous les deux sans force & sans azile,
Nous débattant en vain par un pénible effort
Sous le fer des tyrans dans les bras de la mort.

SCENE QUATRIEME.

IRADAN, ARZAME, LE VIEUX ARZEMON.

IRADAN.

VENERABLE vieillard que viens-tu nous apprendre?

LE VIEIL ARZEMON.

C'est un événement qui pourra vous surprendre,
Et peut-être un moment soulager vos douleurs,
Pour nous replonger tous en de plus grands malheurs.
Votre fils, votre frer . .

IRADAN.

Explique-toi.

ARZAME.

Je tremble.

LE VIEIL ARZEMON.

De ce Chateau fatal ils s'avançaient ensemble,
Du quartier de César ils suivaient les chemins.
Du Grand Prêtre accouru les suivans inhumains
Ordonnent qu'on s'arrête, & demandent leur proie.
A mes yeux consternés le Pontife déploie
Un Arrêt que sa brigue au Prétoire a surpris.
On l'a dû respecter ; mais, Seigneur, votre fils,
Dans son emportement pardonnable à son âge,
Contr'eux, le fer en main, se présente & s'engage ;

ACTE CINQUIEME. 77

Votre frere le suit d'un pas impétueux;
Mégatise à grands cris s'élance au milieu d'eux;
Des soldats s'attroupaient à la voix du Grand Prêtre;
Frappez, s'écriait-il, secondez votre Maître.
De toutes parts on s'arme & le fer brille aux yeux:
Je voyais deux partis ardents, audacieux,
Se mêler, se frapper, combattre avec furie.
Je ne sais quelle main (qu'on va nommer impie)
Au milieu du tumulte, au milieu des soldats,
Sur l'orgueilleux Pontife a porté le trépas.
Sous vingt coups redoublés, j'ai vu tomber ce traître,
Indigne de sa place & du saint nom de Prêtre.
Je l'ai vu se rouler sur la terre étendu;
Il blasphémait ses dieux qui l'ont mal défendu,
Et sa mort effroyable est digne de sa vie.

IRADAN.

Il a reçu le prix de tant de barbarie.

ARZAME.

Ah! son sang odieux répandu justement
Sera vengé bientôt & payé cherement.

LE VIEIL ARZEMON.

Je le crois. On disait qu'en ce désordre extrême.
César doit au château se transporter lui-même.

ARZAME.

Qu'est devenu mon pere?

IRADAN.

    Ah! je vois qu'aujourd'hui
Il n'est plus de pardon ni pour nous, ni pour lui.
     (le vieil Arzémon sort.)

SCENE CINQUIEME.

IRADAN, CESENE, ARZAME.
LE JEUNE ARZEMON.

CESENE.

Sans doute il n'en est point; mais la terre est vengée.
Par votre digne fils ma gloire est partagée ;
C'est assez.

LE JEUNE ARZEMON.

Oui, nos mains ont puni ses fureurs :
Puissent périr ainsi tous les persécuteurs !
Le Ciel, nous disaient-ils, leur remit son tonnere :
Que le Ciel les en frappe & délivre la terre,
Que leur sang satisfasse au sang de l'innocent.
Mon pere entre vos bras, je mourrai trop content.

IRADAN.

La mort est sur nous tous, mon fils ; à ses approches
Je ne te ferai point d'inutiles reproches.
Ce nouveau coup nous perd, & ce monstre expiré,
Tout barbare qu'il fut était pour nous sacré.
César va nous punir. Un vieillard magnanime,
Un frere, deux enfants, tout est ici victime,
Tout attend son arrêt. Flétri, dépossédé,
Prisonnier dans ce Fort où j'avais commandé,
Je finis dans l'opprobre une vie abhorrée,
Au devoir, à l'honneur vainement consacrée.

CESENE.

Eh quoi ! je ne vois plus ce fidele Arzémon !
Serait-il renfermé dans une autre prison ?
A-t on déja puni son respectable zele,
Et les bienfaits sur-tout de sa main paternelle ?
Au supplice, ma fille, il ne peut échapper,
César de toutes parts, nous fait envelopper.

ACTE CINQUIEME.

ARZAME.

J'entends déja sonner les trompettes guerrieres,
Et je vois avancer les troupes meurtrieres.
Depuis qu'on m'a conduite en ce malheureux Fort,
Je n'ai vu que du sang, des bourreaux & la mort.

CESENE.

Oui, c'en est fait, ma fille.

ARZAME.

Ah! pourquoi suis-je née

CESENE (*embrassant sa fille*).

Pour mourir avec moi, mais plus infortunée...
O mon cher frere!... & toi son déplorable fils,
Nos jours étaient affreux, ils sont du moins finis.

IRADAN.

La garde du Prétoire en ces murs avancée,
Déja des deux côtés avec ordre est placée.
Je vois César lui-même!... à genoux, mes enfants.

ARZAME.

Ainsi nous touchons tous à nos derniers moments!

SCENE DERNIERE.

Les Personnages précédents, L'EMPEREUR, Gardes, LE VIEIL ARZEMON & MEGATISE au fond.

L'EMPEREUR.

Enfin, de la justice à mes sujets rendue,
Il est tems qu'en ces lieux la voix soit entendue.
Le désordre est trop grand. De tout je suis instruit,
L'intérêt de l'Etat m'éclaire & me conduit.
Levez-vous, écoutez mes arrêts équitables.
Peres, enfants, soldats, vous êtes tous coupables

Dans ce jour d'attentats & de calamités,
D'avoir négligé tous d'implorer mes bontés.

CESENE.

On m'a fermé l'accès.

IRADAN.

Le respect & les craintes,
Seigneur, auprès de vous interdisent les plaintes.

L'EMPEREUR.

Vous vous trompiez : c'est trop vous défier de moi,
Vous avez outragé l'Empereur & la loi.
Le meurtre d'un Pontife est sur-tout punissable.
Je sais qu'il fut cruel, injuste, inexorable;
Sa soif du sang humain ne se put assouvir.
On devait l'accuser, j'aurais su le punir.
Sachez qu'à la loi seule appartient la vengeance.
Je vous eusse écouté : la voix de l'innocence
Parle à mon Tribunal avec sécurité,
Et l'appui de mon Trône est la seule équité.

IRADAN.

Nous avons mérité, Seigneur, votre colere :
Epargnez les enfants, & punissez le pere.

L'EMPEREUR.

Je sais tous vos malheurs. Un vieillard dont la voix
Jusqu'aux pieds de mon trône a passé quelquefois,
Dont la simplicité, la candeur m'ont dû plaire,
M'a parlé, m'a touché par un récit sincere.
Il se fie à César, vous deviez l'imiter.

(*au vieil Arzémon.*)

Approchez, Arzémon, venez vous présenter.
Dans un culte interdit par une loi sévere
Vous avez élevé la sœur avec le frere.
C'est la premiere source où de tant de fureurs
Ce jour a vu puiser ce vaste amas d'horreurs.

Des

ACTE CINQUIEME.

Des Prêtres emportés par un funeste zele
Sur une faible enfant ont mis leur main cruelle.
Ils auraient dû l'inftruire & non la condamner.
Trop jaloux de leurs droits qu'ils n'ont pas fu borner,
Fiers de fervir le Ciel ils fervaient leur vengeance.
De ces affreux abus j'ai fenti l'importance ;
Je les viens abolir.

IRADAN.

    Rome, les Nations
Vont bénir vos bontés.

L'EMPEREUR.

     Les perfécutions
Ont mal fervi ma gloire & font trop de rébelles.
Quand le Prince eft clément les fujets font fideles.
On m'a trompé long-temps ; je ne veux déformais
Dans les Prêtres des Dieux que des hommes de paix,
Des Miniftres chéris de bonté, de clémence,
Jaloux de leurs devoirs & non de leur puiffance,
Honorés & foumis, par les loix foutenus,
Et par ces mêmes loix fagement contenus,
Loin des pompes du monde, enfermés dans leur
   Temple,
Donnant aux Nations le précepte & l'exemple ;
D'autant plus révérés qu'ils voudront l'être moins ;
Dignes de vos refpects & dignes de mes foins.
C'eft l'intérêt du peuple & c'eft celui du maître.
Je vous pardonne à tous ; c'eft à vous de connaître
Si de l'humanité je me fais un devoir,
Et fi j'aime l'Etat plutôt que mon pouvoir....
 Iradan, déformais loin des murs d'Apamée,
Votre frere avec vous me fuivra dans l'armée ;
Je vous verrai de près combattre fous mes yeux :
Vous m'avez offenfé, vous m'en fervirez mieux.
De vos enfans chéris j'approuve l'himenée.

   (*à Arzame & au jeune Arzémon.*)
Méritez ma faveur qui vous eft deftinée.

(*au vieil Arzémon.*)

Et toi qui fus leur pere, & dont le noble cœur
Dans une humble fortune avait tant de grandeur,
J'ajoute à ta campagne un fertile héritage,
Tu mérites des biens, tu fais en faire ufage.
Les Guebres déformais pourront en liberté
Suivre un culte fecret long-tems perfécuté.
Si ce culte eft le tien, fans doute il ne peut nuire :
Je dois le tolérer plutôt que le détruire.
Qu'ils jouiffent en paix de leurs droits, de leurs biens,
Qu'ils adorent leur Dieu ; mais fans bleffer les miens :
Que chacun dans fa loi cherche en paix la lumiere ;
Mais la loi de l'Etat eft toujours la premiere.
Je penfe en Citoyen, j'agis en Empereur :
Je hais le fanatique & le perfécuteur.

IRADAN.

Je crois entendre un Dieu du haut d'un trône augufte,
Qui parle au genre humain pour le rendre plus jufte.

ARZAME.

Nous tombons tous, Seigneur, à vos facrés genoux.

LE VIEIL ARZEMON.

Notre Religion eft de mourir pour vous.

FIN.

www.ingramcontent.com/pod-product-compliance
Lightning Source LLC
LaVergne TN
LVHW020942090426
835512LV00009B/1669